John G. Bennett

Risiko und Freiheit

John G. Bennett

Risiko und Freiheit

Hasard – Das Wagnis der Verwirklichung

Zusammengestellt
von Anthony G. E. Blake aus
den unveröffentlichten Schriften und
Vorträgen von John G. Bennett

Aus dem Englischen
von Bruno Martin

Chalice Verlag

Die Originalausgabe erschien
1976 bei Coombe Springs Press,
Sherborne, Gloucestershire, England,
unter dem Titel *Hazard*

Eine Neuausgabe
mit erweitertem Textmaterial erschien
1991 bei Bennett Books, Santa Fe, New Mexico, USA
unter dem Titel *Hazard – The Risk of Realization*

Die deutsche Erstausgabe erschien
1979 beim Verlag Bruno Martin,
Südergellersen

© The Estate of J. G. Bennett 1991

© dieser Übersetzung,
basierend auf der englischen Neuausgabe von 1991,
Chalice Verlag, Zürich 2004
www.chalice.ch
Alle Rechte vorbehalten

Umschlagillustration und Frontispiz: Alois Alexander
Buchgestaltung: Robert Cathomas
Herstellung: Books on Demand GmbH, Norderstedt
Printed in Germany

ISBN 3-905272-70-9

Inhalt

Vorwort des Herausgebers 7

Alte und moderne Glaubenssysteme 23
Der Augenblick der Wahl 41
Die Ungewissheit der Tugend 54
Gelegenheit und Abenteuer 69
Das Risiko von Nationen 81
Das Universum und Gott 93

Anhang

Existenz 122
Wille 135
Transformation 140
Unsicherheit im wissenschaftlichen Denken 144

Register 157

John G. Bennett

Kurzbiografie 164
Bibliografie 169

Fihi ma fihi
Es ist das darin, was darin ist

JALALUDDIN RUMI

Vorwort des Herausgebers

Eine Situation ist dann dramatisch, wenn es ein Bedürfnis gibt, bei dem es ungewiss ist, ob es erfüllt werden kann. Je größer das Bedürfnis ist und je eindrucksvoller der Maßstab, auf dem es erfahren werden kann, desto größer ist der dramatische Inhalt.

Wenn wir über das Schicksal unserer Milchstraße nachdenken, entdecken wir eine dramatische Situation, die so groß ist, dass wir kaum in der Lage sind, ihre Bedeutung zu erfassen. Wir können uns einen Ameisenhaufen vorstellen, der gestört wurde, als das Kreuz auf dem Galgenberg aufgestellt wurde und uns fragen, ob die Ameisen das Drama der Kreuzigung verstehen konnten. Die Beziehung der Ameise zur Kreuzigung ist im Vergleich viele Millionen Mal enger als unsere Rolle im Schicksal der Galaxie. Dennoch: Die Rolle von Individuen ist so geartet, dass wir die Möglichkeiten erhalten haben, nicht nur über die Galaxie nachzudenken, sondern über die ganze Existenz, in der diese nur ein Atom ist. Dabei können wir uns entweder von diesen Gedanken verabschieden ohne Hoffnung, das Universum je zu verstehen, oder glauben, dass wir nicht allein sind.

Auch wenn die Größenmaßstäbe und die kosmische Bedeutung unfassbar sind, sind Mensch und Galaxie durch ein Band des Leidens und des Mitgefühls miteinander verbunden.[1]

IM JAHR 1952 SCHRIEB JOHN G. BENNETT: »DER MENSCH möchte alles absolut haben; absolute Sicherheit, absolute Freiheit, absolute Gewissheit in dem, was er weiß, absolute Genauigkeit im Wissen. Im gegenwärtigen Jahrhundert hat er angefangen zu erkennen, dass das Absolute eine Chimäre, ein unmöglicher Traum, ist, der das ganze Gebäude der Existenz in Widersprüche verstrickt und ein Nichts zurücklässt. Als Konsequenz fiel die Menschheit in Verwirrung und Angst, ohne zu erkennen, welche Richtung die Zukunft einschlägt, und ohne irgendein Vertrauen in den Wert menschlicher Ziele.«[2]

Bennetts eigene Antwort auf diese »Krise der menschlichen Angelegenheiten«[3] war es, eine neue Sichtweise auszuarbeiten und

---

1. John G. Bennett, *The Dramatic Universe*, frühe unveröffentlichte Version von 1952 (im Folgenden als DU52 zitiert). *The Dramatic Universe* wurde schließlich in vier Bänden zwischen 1956 und 1966 erstmals veröffentlicht.
2. DU52. Aus der Einführung.
3. John G. Bennett: *The Crisis in Human Affairs*, London 1954.

diese praktisch umzusetzen. Die Grundlage dieser Sichtweise war im Wesentlichen ›einfach‹: Alle Gedanken und alles Wissen über den Menschen und das Universum müssen in dieses Modell einbezogen werden. Durch die Einbeziehung von allem Wissen konnte kein Grundsatz als »besser« oder »absolut« erscheinen, doch man konnte zur gleichen Zeit hoffen, etwas mehr als bloße Pluralität zu finden, etwas wie ein Muster oder eine Ahnung von einer zugrunde liegenden Struktur. Es gab immer eine tiefer liegende Struktur zu finden. Bennett sagte dazu: »Die Wirklichkeit hat mehr Dimensionen als unsere Gedanken.«[4]

Die Einbeziehung von allem wurde bestimmt von einer Intuition der Bezogenheit. Es gibt nicht einfach viele verschiedene Arten von Dingen, sondern alle diese Dinge sind eng miteinander verbunden und brauchen sich gegenseitig. Bezogenheit war fundamental, und dies fand ihren Ausdruck in der Lehre, die Bennett von seinem geistigen Mentor, G. I. Gurdjieff[5], lernte, der es das Gesetz der »gegenseitigen Erhaltung alles Existierenden« nannte. Dieses Gesetz definiert die Funktion des Universums als eine kosmische Ökologie.[6] Durch diese Intuition der Bezogenheit, die Bennett tiefer und viel vernetzter verstand, als sie in Friedrich Hegels oder Karl Marx' Dialektik erscheint, setzte er sich zur Aufgabe, die Taten und Leiden der Menschen mit den Ereignissen auf einer galaktischen Ebene zu verbinden.

Wenn das menschliche Leben dramatisch ist, dann muss auch das ganze Universum dramatisch sein; und das bedeutet, dass dieses Universum auf eine Weise verstanden werden muss, die man weder in traditionellen Religionen noch in der zeitgenössischen Wissenschaft finden konnte. Bennett fand sein neues Verstehen

---

4. DU52. Das ist der Satz, mit dem das ganze Werk beginnt.

5. Georg Iwanowitsch Gurdjieff (1866–1949) war ein spiritueller Lehrer und geistiger Wegbereiter, der Anfang des zwanzigsten Jahrhunderts in St. Petersburg und Moskau lehrte, dann während der russischen Revolution mit seinen Schülern nach Europa flüchtete und in den Zwanzigerjahren ein Arbeitszentrum in Fontainebleau bei Paris gründete. Ausführlich in: John G. Bennett: *Der Aufbau einer neuen Welt,* Freiburg i. Br. 1976.

6. Gurdjieff lehrte dies bereits um das Jahr 1910, lange bevor der Ökologiegedanke Fuß fasste. Vladimir Vernadskijs Pionierarbeit über die Biosphäre wurde erst 1929 veröffentlicht, und A. G. Tansley, einer der Begründer der ökologischen Wissenschaft, brachte den Begriff »Ökosystem« erst 1935 auf. Wie in vielen anderen Beispielen war Gurdjieff seiner Zeit weit voraus.

nicht durch neue wissenschaftliche Entdeckungen oder durch neue »Offenbarungen« von »höherer Stelle«, sondern einfach durch die Preisgabe von Absolutheiten. Er behauptete nicht, »geheimes Wissen« zu haben und machte seine Vorgehensweise, die zu seinen vorläufigen Schlüssen führte, so deutlich wie er nur konnte.

Wer kennt das Geheimnis und wer kann es offenbaren?
Aus welchem Grund entstand dieses vielfältige Ganze?
Die göttlichen Individuen entstanden später als diese Welt;
Wer kann dann wissen, woher diese Große Schöpfung kam?
Ob jenseits von ihr ein Wille ist oder ob es dort keinen gibt
Nur Er, der das Bewusstsein von allem Existierenden ist
Nur Er weiß es – und vielleicht nicht einmal Er.

Bennett zitierte diese Hymne aus dem Rigweda, als er gefragt wurde, »ob das Universum sich auf ein Ziel hin bewegt oder ob Erfolg oder Misserfolg irgendetwas für es bedeuten.«[7]

Es ist wichtig zu begreifen, dass Bennett zwar jede Behauptung von absolutem Wissen ablehnte oder auch nur die Möglichkeit eines solchen Wissens für jede noch so geartete Intelligenz, er aber solche Fragen wie die zitierte stellen und auch eine Antwort darauf finden wollte. Es ist recht leicht zuzustimmen, dass das Leben voller Unsicherheiten für uns Menschen ist, doch es ist eine andere Sache, daraus zu schließen, dass das ganze Universum im Kern seiner Existenz den Ungewissheiten der Verwirklichung unterworfen ist. Wir mögen vielleicht einfach denken, das Universum existiert oder es existiert nicht, und das ist alles. Aber so leicht ist es nicht!

Aus verschiedenen Gründen, die ich hier nicht näher erläutern kann, schloss Bennett, dass das maximale Hasard[8] mit allen seinen Unwägbarkeiten auf der Ebene der Galaxien liegt, den »Inseluniversen«, wie er sie manchmal nannte. Für ihn waren die Milliarden von Galaxien des Universums alle an einer Arbeit der Evolution beteiligt und am Streben nach Vollkommenheit. Er sah sie nicht als bloße Anhäufungen von Sternen oder interstellaren Prozessen.

---

7. DU52, Kapitel 22. Ich glaube, dass die Übersetzung des Rigweda seine eigene war.
8. Anmerkung des Übersetzers: Der Begriff »das Hasard« ist im Englischen *(hazard)* weit gebräuchlicher als im Deutschen und steht für Risiko, Wagnis, Gefahr.

VORWORT

In Bezug auf den Menschen und das Universum schrieb er:

Der Mensch ist weder ein Roboter noch eine unsterbliche Seele, sondern ein höchst interessantes Wesen mit großen Möglichkeiten. Naturbedingt ist er nur wenig mehr als ein Tier, aber durch seine eigene Entscheidung und seine eigenen Anstrengungen kann er mehr werden, als er zu hoffen wagt. Allein sind wir nichts. Wir brauchen uns gegenseitig. Wir brauchen das Universum und das Universum braucht uns. Es ist ein grundlegender Fehler, das Höhere Wesen als absolut und ohne jedes Bedürfnis zu betrachten. Alles Existierende muss sich in einem bestimmten Maß der Abhängigkeit unterordnen und muss daher die Erfahrung des Bedürfnisses machen. Durch die ganze Existenz hindurch zieht sich ein wirkliches Bedürfnis, und so gibt es im Universum auch ein wirkliches Drama. Bedürfnis und Leiden, Erfolg und Versagen sind Worte, deren Bedeutung sich je nach der Ebene des Wesens unterscheiden, auf das sie sich beziehen; doch sie haben immer eine Bedeutung, ob für das menschliche Individuum oder für das Große Wesen, das unser gemeinsamer Vater ist.«[9]

Bennetts Anstrengungen, die menschliche Erfahrung der Wahl und zumindest der Möglichkeit zur Freiheit mit den Tatsachen der Existenz, wie sie uns durch die wissenschaftliche Arbeit bekannt ist, zu versöhnen, begann bereits 1918, als er seine ersten Versuche unternahm, die Geometrie von Raum und Zeit zu erweitern. Er wollte eine zusätzliche Dimension der Wirklichkeit einbringen,[10] doch erst in den Fünfzigerjahren des zwanzigsten Jahrhunderts begann er zu erkennen, dass es eine bestimmte zusätzliche Dimen-

---

9. DU52. Aus der Einführung.
10. Bennett, der mit dem Mathematiker Arthur Cayley befreundet war und diesen bewunderte, entwickelte eine »Kalkulation imaginärer Rotationen«, die von Prof. E.W. Hobson von der Cambridge Universität wohlwollend aufgenommen wurde. Diese Idee wurde Jahre später mit Hilfe der Physiker M.W. Thring und R.L. Brown weiterentwickelt zu einem Entwurf für ein fünfdimensionales metrisches System von Raum, Zeit und Ewigkeit. Es wurde 1950 von der Royal Society der Wissenschaften veröffentlicht. Im Augenblick arbeitet einer von Bennetts Schülern, Ken W. Pledge, an dieser Geometrie und ihrer Erweiterung auf sechs Dimensionen.

sion gab, durch die eine Entscheidung, eine Wahl, beeinflusst wurde und die äußerst wichtig für das Verständnis der Art und Weise war, in der Wesenheiten sich selbst werden und miteinander interagieren. Wahl war nicht einfach ein subjektives menschliches Gefühl oder die Interpretation von Ereignissen, sondern eine wirkliche Kraft, und als solche war sie Teil der Wirklichkeit überall.

Wenn wir alle Erklärungen über Dimensionen und die Bedingungen von Raum und Zeit beiseite lassen, kann uns Wahl oder Entscheidung etwas sehr Einfaches und Grundlegendes über die Realität eröffnen: *Sie ist nicht statisch fixiert.* Seit Bennetts Tod im Jahr 1974 wurde dieser Aspekt in vielen Bereichen der Naturwissenschaften offensichtlich. Es wird nicht mehr gedacht, dass die Vorhersage von zukünftigen Ereignissen immer genauer und ohne Begrenzung möglich sei. Grundlegende Unsicherheit ist nicht nur eine Angelegenheit der Quantenphysik, sondern findet sich auch in Systemen größeren Maßstabs wie dem Wetter oder organischen Populationen. Eine »neue Wissenschaft« – manchmal als »Chaostheorie« bezeichnet – hat erkannt, dass es Systeme gibt, die so miteinander verknüpft sind und sich gegenseitig auf eine Weise beeinflussen, dass keine genauen Voraussagen mehr möglich sind. Diese Wechselwirkungen sind nicht mysteriös, aber sie wurden früher nicht auf diese Weise betrachtet.

Auf der quantenphysikalischen Ebene entstand ebenfalls die Einsicht, dass es keine absolut bestimmbaren Zustände der Existenz gibt. Diese Idee wurde ins Extrem geführt von Mathematikern, die vermuteten, dass sogar die gewöhnlichen, die Ganzen Zahlen, tatsächlich überhaupt keine präzisen Einheiten sind. Ich erwähne Mathematik und Zahlen, weil Bennett vor vielen Jahren die grundlegende Verbindung zwischen Unsicherheit, Existenz und Zahlen erkannte. Auch wenn es wahr bleibt, dass die Welt entlang vorbestimmter Linien verläuft, zeigt es sich, dass sie auch mit »Chaos« zu kämpfen hat.

Was ist dieses Chaos?

> Es ist hilfreich, die Quelle des Chaos als fehlende Information zu betrachten, denn Chaos ist das, was Menschen beobachten, wenn Ihnen die Information fehlt, um eine zugrundeliegende Ordnung zu erkennen. (...) Wir haben es mit einer fundamentalen Unsicherheit zu tun, eine ultimative Grenze der menschlichen Fähigkeiten. Chaos wird immer ein

Geheimnis bleiben, vielleicht sogar das letztendliche, alles umfassende Geheimnis. Es ist ein Paradox, versteckt in einem Puzzle, verhüllt von einem Rätsel. Es ist der sichtbare Beweis der Existenz und der Einzigartigkeit ohne Vorhersehbarkeit.[11]

Chaos ist das Medium, in dem Wahl wirklich sein kann; doch Wahl bringt mehr mit sich als Chaos. An der Wahl ist ein echter Willensakt beteiligt, sie betrifft Erfolg und Misserfolg und die Spannung zwischen »höher« und »niedriger«. Damit kommen wir zu den zentralen Ideen von Bennetts Gedanken, die der Evolution. Für ihn konnte es keine absolute Trennung geben zwischen der Weise, wie sich menschliche Wesen für das Streben nach Selbstentwicklung einsetzen, und der Weise, in der menschliche Wesen überhaupt ins Dasein auf der Erde kamen. Beides betrifft eine Veränderung der Ebene, und beides ist charakterisiert durch Unsicherheit.

Auch wenn die Evolution zu einer höheren Ebene des Seins strebt, kann ich nicht das Ziel dieses Strebens erkennen. Denn um dieses zu sehen, müsste es bereits erreicht sein. Daher muss die Evolution immer schwankend und unsicher sein. Es ist ein Schritt ins Dunkle, ein *Salto mortale*, ein tödlicher Sprung, der schwieriger auszuführen ist, weil er so unkontrollierbar zu sein scheint. Das ist ein Verwerfen eines sichtbaren Guten gegen ein unsichtbares Besseres. Evolution ist unvernünftig und unlogisch.[12]

Bennett hielt diese Aussage in Bezug auf die Evolution und das Leben auf der Erde für zutreffend. Hier ging er gegen das Herzstück des zeitgenössischen Denkens vor. Die gewöhnliche Ansicht ist, dass das Leben keinem Zweck dient und seine Evolution keine Richtung hat. Inspiriert durch eine fürchterliche Perversion des Denkens, ist es nun Mode geworden, jegliche Idee herunterzumachen, dass der Mensch ein Fortschritt gegenüber früheren Lebensformen sei, ja dass es überhaupt einen Fortschritt seit den ersten

---

11. Aus Joseph Ford: *What is Chaos, That We Should Be Mindful of It?*, in *The New Physics*, herausgegeben von Paul Davies, Cambridge University Press, Cambridge, England, 1989.
12. DU52, Kapitel 29, *Die Triade der Entwicklung*.

Bakterien gegeben habe. Selbst abweichlerische Wissenschaftler wie James Lovelock sind recht glücklich mit der Ansicht, dass die innewohnende Intelligenz von Gaia beziehungsweise der Biosphäre dem Wirken von Bakterien entstammt und dass einem Verschwinden der menschlichen Rasse durch Umweltzerstörung und Klimakatastrophen keinerlei Bedeutung hinsichtlich dieser Intelligenz zukommt.[13]

Diese Ablehnung eines Zwecks und das Verneinen eines objektiv sichtbaren Fortschritts in der Evolution des Lebens gehören zusammen. Ein dominantes Argument ist folgendes: Wenn es eine intelligente Führung der Evolution des Lebens gäbe, warum hat sich dann die Evolution in einer solch sprunghaften und unregelmäßigen Weise entwickelt? Dieses Argument beruht auf einer primitiven Vorstellung einer höheren Intelligenz, einer, bei der man denkt, je höher die Intelligenz, um so sicherer kann sie eine Entwicklung kontrollieren. Bennett stellte sich vehement gegen eine solche Vorstellung, die er als falsch und täuschend ansah. In seinem Entwurf ist das Risiko mit der Zunahme der Intelligenz höher und entsprechend die Möglichkeiten von Erfolg und Scheitern. Er definierte es so: »Intelligenz ist die Macht der Anpassung an das Risiko.«

Angesichts des Faktums von Unregelmäßigkeit und Unsicherheit verstiegen sich manche Biologen wie Stephen Gould[14] in absurde Behauptungen, jedes Element der Biosphäre sei rein zufällig und unsere Existenzform ein ebenso zufälliges Resultat. Der

---

13. Siehe zum Beispiel James E. Lovelock: *Das Gaia-Prinzip – Die Biografie unseres Planeten*, Frankfurt am Main 1995. »Ihr [Gaias] unbewusstes Ziel ist ein Planet, der fit fürs Leben ist. Wenn menschliche Wesen im Weg stehen, werden sie ohne große Barmherzigkeit ausgelöscht.« Lovelocks Mitarbeiterin, die amerikanische Biochemikerin Lynn Margulis, interpretierte Zellen als Mitwirkende an bakterienähnlichen Organismen, und fand keine Bedeutung in der Idee eines Fortschritts.

14. Stephen Gould: *Wonderful Life – The Burgess Shale and the Nature of History*, New York 1989. Die Tatsachen von Zufälligkeit und Unsicherheit bringt Gould durcheinander mit der Abwesenheit irgendeines Fortschritts. Seine Ansicht über den Evolutionsprozess findet Parallelen bei vielen Historikern, wie zum Beispiel A.N. Fisher, den Bennett einmal in einer Passage zitierte, in der dieser erklärt, dass es ihm unmöglich sei, irgendein Muster im Verlauf der europäischen Geschichte zu erkennen. Wie viele andere Wissenschaftler, insbesondere die Biologen, beurteilt Gould jeden Versuch geringschätzig, eine Bedeutung in der Entstehung von Kreaturen wie dem Menschen zu sehen, was er für Wunschdenken hält.

Trend, die Anthropozentriertheit zu überwinden, hat inzwischen solche Extreme erreicht, dass es für ansonsten geistig gesunde und intelligente Menschen notwendig wurde zu behaupten, es gäbe keinen Fortschritt in der Evolution des Lebens, sie diene keinem Zweck und habe keinerlei Bedeutung.

Bennetts Definition von Intelligenz hätte für den großen russischen Pionier des Konzepts der Biosphäre, Vladimir Vernadskij, Sinn gemacht.[15] Er entwickelte die Idee, dass sich langsam eine so genannte Noosphäre entwickelt: Die Biosphäre evolviert bis zu dem Punkt, an dem bewusster Zweck zu einer globalen Kraft wird; und dieses ist die Vorstufe einer Evolution in eine Sphäre höher als das Leben, einer Sphäre der freien Intelligenz.

Wie so oft haben Physiker eine tiefere und sogar mystischere Ansicht als Biologen, und wenn wir bei der Quantenphysik beginnen, können wir Wissenschaftler wie Wolfgang Pauli hervorheben, der in seinem Werk dem Schweizer Psychologen Carl Gustav Jung folgte. Er entwickelte die Idee des »Sigma-Phänomens«, das Folgen zeitigt, die Bedeutungen haben, aber weder zufällig noch kausal sind. »So stelle ich mir den Anfang des Lebens vor: zu einer Zeit, als das Sigma-Phänomen sich selbst mikroskopisch als ›chemische Muster‹ ausdrückte.«[16]

Diese Idee entspricht ziemlich genau dem, wie Bennett sich die ersten Schritte zum organischen Leben vorstellte. Pauli zog eine höhere Intelligenz nicht in Betracht; ihm reichte es, dass die Wirklichkeit auch von irrationalen und nichtkausalen Einflüssen bestimmt wird. Bennetts eigene Position ist von Kirche und Universitäten gleichermaßen ignoriert oder abgelehnt worden. Eine Ausnahme machte der große Tierforscher und Philosoph Konrad Lorenz, auch wenn er schrieb: »Nach gegenwärtigem Wissensstand gibt es keine Notwendigkeit, nichtnatürliche Kräfte

---

15. Vladimir Vernadskij: *Der Mensch in der Biosphäre – Zur Naturgeschichte der Vernunft,* Frankfurt Main 1997. Teilhard de Chardin übernahm die Idee der Noosphäre von Vernadskij und entwickelte sie auf eigene Weise.

16. Brief an Fierz, 5. März 1957, zitiert in K. V. Laurikainen: *Beyond Atom – The Philosophical Thought of Wolfgang Pauli,* New York 1988. Paulis Forschungen mit C. G. Jung über das Thema der »Synchronizität« führte ihn sehr nah an das, was wir mit »Hasard« in der kreativen Evolution der Welt meinen. Eine sehr gute Zusammenfassung von Paulis und Jungs Zusammenarbeit sowie weiterführende Gedanken in: F. David Peat: *Synchronizität – Die verborgene Ordnung.* Bern, München 1987.

wie Bennetts ›demiurgische Intelligenzen‹ zu postulieren, um die allgemeine Richtung der Evolution zu erklären.«[17]

Lorenz' eigene Erklärung vollzog sich in Begriffen wie »der Druck, die Informationssammlung zu erhöhen, die für das Überleben notwendig ist«; doch dies erklärt nicht die Weise, wie man mit Chaos oder fehlenden Informationen umgehen sollte. Die wichtigen Aspekte des menschlichen Lebens im Besonderen sind jene, die wenig mit Information oder Überleben zu tun haben. Es sind Aspekte, die die menschliche Transformation betreffen und viel mehr mit der Individualität als mit Selbstheit zu tun haben.[18]

Die Verbindung von Selbstheit und Individualität ist ein Punkt maximalen Hasards. Diese Verbindung ist einer der Grundsteine »des Werks«, mit dem sich Bennett mehr als fünfzig Jahre beschäftigt hat, nachdem er dem außerordentlichen Lebensphilosophen G. I. Gurdjieff begegnete. Gurdjieff zählt auf jeden Fall zu den originellsten und experimentellsten der spirituellen Lehrer, die im Westen in der ersten Hälfte des zwanzigsten Jahrhunderts auf der Bildfläche erschienen. Bennett war nicht nur höchst beeindruckt vom Menschen Gurdjieff, er fand auch in seinen Lehren ein radikales Überdenken von sehr wichtigen Themen wie die Natur und das Schicksal des menschlichen Lebens. Es war eine Lehre, die eine Umwandlung in der inneren Haltung des Menschen bis zu einem beinahe undenkbaren Ausmaß versprach.

Aus welchen Gründen auch immer – und die Geschichte davon ist ziemlich unklar – setzte sich Bennett zum Ziel, diese neue Vision von Mensch und Kosmos in eigenen Begriffen auszudrücken. Gurdjieffs Sprache war »alchimistisch« und absichtlich komplex und widersprüchlich in der Präsentation. Bennett versuchte in seinen Schriften nicht, Gurdjieffs Sprache neu auszudrücken, sondern fand seine eigene Weise, dasselbe zu sagen. Er versuchte, die wesentlichen Ideen in sorgfältig definierten Begriffen auszudrücken und systematisch nach einer neuen Reihe von Kategorien vorzugehen. Dabei fand er einen Weg, die essentielle Aussage der ursprünglichen Vision nicht zu verlieren. Diese Kernbotschaft, die sich im Laufe der Jahre herausschälte, bekam den Namen »Hasard«.

17. Konrad Lorenz: *Die Rückseite des Spiegels,* München 1999.
18. Individualität ist der Wille in uns, der von organischer Funktion gleichermaßen unabhängig ist wie von Verstand und Bewusstsein. Individualität ist das »Wer wir sind« in Kontrast zum »Was wir sind«.

Während er an seinem Hauptwerk *The Dramatic Universe* über einen Zeitraum von mehr als zwanzig Jahren arbeitete, folgte Bennett auch den Implikationen von Gurdjieffs Ideen in der Praxis. Dies entfernte ihn von den orthodoxeren unter Gurdjieffs Anhängern. Außerdem führte ihn seine Suche zu Begegnungen mit anderen bemerkenswerten spirituellen Lehrern wie Emin Chikou im Mittleren Osten, Pak Subuh aus Indonesien und später Shivapuri Baba, Idries Shah, Hasan Shushud und anderen.[19]

Er war ebenfalls in aktiver Kommunikation mit dem bedeutenden Physiker David Bohm, der ein wichtiger Weggefährte von Krishnamurti wurde, und auch mit dem ökologisch-ökonomischen Reformer Fritz Schumacher. Er verkörperte – wenn das überhaupt jemand tat – den Sinn von T.S. Eliots Zeilen:

Wir hören nicht auf zu forschen,
Und am Ende all unserer Forschungen
Werden wir da ankommen, wo wir angefangen haben,
Und das erste Mal diese Stelle kennen.[20]

Bennett strebte immer danach, bessere Ausdrucksweisen für seine Ideen zu finden. Das galt insbesondere für die zentrale Idee des Hasard. Im Jahr 1967 versuchte er deshalb einen völlig anderen Ansatz, seine Ideen zu kommunizieren, und gab eine Reihe von Vorträgen in New York und London, die keiner besonderen Vorbereitungen bedurften. Damit vermied er die ausgefeilte und präzise Sprache, die er beim Schreiben von *The Dramatic Universe* benutzt hatte. Dieses Werk war stark beeinflusst vom Beispiel von Alfred North Whitehead, dem englischen Mathematiker und Philosophen. 1968 jedoch versuchte er dennoch, die Gedanken zu Hasard in schriftlicher Form auf einer abstrakteren Ebene darzulegen. Beide Quellen wurden für das vorliegende Buch verwendet.

Während dieser Periode erneuerte Bennett auch seine Exposition von Gurdjieffs Lehren, insbesondere wie sie in *All und Alles – Beelzebubs Erzählungen für seinen Enkel* dargestellt sind. In seinen Ausführungen machte Bennett so klar wie möglich, dass die wesentliche Vision, die Gurdjieff hatte – eine, die den Samen für eine

---

19. Die meisten dieser Begegnung beschreibt John G. Bennett in seiner Autobiografie *Das Durchqueren des Großen Wassers*, Oberbrunn 1984.

20. Aus *Little Gidding*, in T.S. Eliot: *Four Quartetts*, San Diego, California, 1968.

neue Gottesvorstellung für die Zukunft legte –, auch eine Vision war, in der das Universum von Hasard durchdrungen ist. Bennett musste aber auch eingestehen, dass Gurdjieffs »Darstellung so versteckt und indirekt ist, dass ich das Hasard-Gesetz sprichwörtlich wieder entdecken musste, bevor ich es verstehen konnte.«[21]

Hasard ist ein »offenes Geheimnis«, *weil man damit alles machen kann, was man will*. Damit meine ich nicht, dass Sie diese Ideen so interpretieren sollen, wie Sie möchten, sondern *dass Sie erkennen, dass es das bedeutet, was Sie damit machen*. In der Denkschule, aus der Bennett kommt, ist Verstehen bezogen auf das, was man tun kann, nicht auf das, was man wissen kann.[22] Solche offenen Geheimnisse sind die machtvollsten und wichtigsten Ideen und haben die besondere und wichtige Eigenheit, völlig unbrauchbar für Zwecke der Indoktrination zu sein. Etwas davon findet sich auch in der Idee der wissenschaftlichen Methode, die, wie viele betont haben, in Wirklichkeit keine feststehende Methode ist, sondern etwas, das verwirklicht werden muss. Viele wissenschaftliche Entdeckungen kamen durch die wichtige Beteiligung des Zufalls zustande – das ist nicht überraschend.[23] Der Gebrauch des Zufalls ist ein Maßstab der Intelligenz.

Ich habe diesen Punkt über die »Geheimnisse« deshalb betont, weil Bennett die so genannten »esoterischen Überlieferungen« studierte und gleichzeitig sein mathematisches und naturwissenschaftliches Wissen und Verstehen beibehielt und weiterentwickelte. Bei vielen Gelegenheiten wurde er um Rat gefragt von Menschen, die »einen Weg suchten«, aber auch nach grundsätzlichen Erklärungen der Struktur und der Bedingungen der spirituellen Suche. Ich glaube, dass für ihn die Frage beinahe bedeutungslos war, wer nun Recht habe oder Unrecht, wer besser sei oder schlechter, wenn es um die verschiedenen spirituellen Lehrer und Traditionen ging. Er sah nur, dass es für den Sucher notwendig war, Hilfe zu erhalten – jedoch die Hilfe, die dieser benötigte, keine allgemeinen Ratschläge. Bennett war leidenschaftlich inter-

---

21. John G. Bennett: *Transformation oder die Kunst sich zu wandeln*, München 1978. Dieses wichtige Buch enthält Material zum Thema Hasard einschließlich von Ideen, die in diesem vorliegenden Buch nicht erwähnt werden. Einige der Ideen wurden jedoch als Zitate am Anfang von Kapiteln in dieses Buch eingebaut.
22. Verstehen verhält sich zu Wissen wie Wille zu Funktion.
23. Siehe zum Beispiel René Taton: *Reason and Chance in Scientific Discovery*, New York 1957. Eine klassische Studie zu diesem Thema.

essiert an allen spirituellen und esoterischen Überlieferungen der Welt, so wie er auch interessiert war an allem anderen. Er glaubte, dass alles etwas zum Ganzen beitragen konnte. Der individuelle Sucher jedoch musste seinen eigenen Weg finden, der für ihn geeignet war, nicht einen für alle Zeiten allgemeingültigen.[24]

Bei der spirituellen Suche – wie bei jeder anderen Suche – ist Ungewissheit notwendig und »Zufallsereignisse« spielen häufig eine wesentliche Rolle. Bennett selbst hatte sich in den Zwanzigerjahren gerade aufgemacht, den österreichischen Philosophen und Gründer der Anthroposophie, Rudolf Steiner, aufzusuchen und diesem System zu folgen, als er in Berührung mit Gurdjieff gebracht wurde. Was wirklich ausschlaggebend ist, ist wie man sich Dingen gegenüber verhält, die von Wert sind. Es zählt nichts, wenn wir eine bestimmte »Antwort« auf die Fragen des Lebens für besser halten als eine andere, wenn wir uns nicht zur besseren Antwort in Beziehung setzen können. Antworten sind sicherlich da, doch wir müssen etwas daraus machen, ihnen eine Bedeutung geben – und wir müssen die richtigen Fragen stellen.

Bennett versucht in seinen Vorträgen und Schriften, die in diesem Buch präsentiert werden, den Menschen zu helfen, ihre Erfahrungen genauer in Augenschein zu nehmen und einen »Geschmack« von Hasard zu bekommen, als einem Faktor, mit dem man rechnen muss. In dieser Ideensammlung gibt es nichts darüber, wie Intelligenz Struktur mit Hasard versöhnt. Sie finden eine Menge über die »Haltung des Willens«, die wesentlich für *Verwirklichung* ist. Verwirklichung – von irgendetwas, wie einer Vision, einer Hoffnung, einer Suche – ist nicht nur riskant, sondern wird von Hasard genährt. *Nur durch Hasard werden die Dinge real.* Eine derartige Idee kann man nur durch *den eigenen Willen verstehen.*

Hasard hat sowohl eine objektive als auch eine subjektive Komponente; im Augenblick der Wahl jedoch ist es unmöglich,

---

24. Aus *Transformation oder die Kunst sich zu wandeln*, siehe Anmerkung 21: »Es gibt Zeiten – und die gegenwärtige ist eine solche –, in welchen die Welt mehr als sonst auf transformierte Wesen angewiesen ist; und zu solchen Zeiten werden Führer oder höhere Lehrer von den Zentren, die sie vorbereitet haben, ausgesandt. Aber dazu gehört auch der Bedarf auf Seiten derer, die fähig sind, sich helfen zu lassen. Es ist nicht die Sache des Lehrers, andere davon zu überzeugen, dass sie ihn brauchen: Das müssen sie selbst entdecken.« Das ganze Kapitel *Suchen und Finden* ist von großer Bedeutung für Hasard bei der spirituellen Suche.

alternative Wege auf gleichen Grundlagen zu erkennen. Der »Weg nach oben« kann nur nach dem Ereignis sichtbar werden – und nur dann, wenn er auch verwirklicht wird. Sonst wäre eine Wahl trivial, etwas, das ein Computer für uns auf der Basis vorhandener Informationen tun kann. Der Unterschied zwischen Alternativen wird nicht aufgrund ihrer Wahrnehmung durch den Einzelnen hergestellt, er besteht bereits. Das ist die Lehre der »Objektivität von Werten«. Hasard kann nicht auf Fakten reduziert werden, sondern beinhaltet Prozesse oder Beziehungen, die über Raum und Zeit hinausgehen.

Bennett stellt ein »kosmisches Gesetz« auf, indem er sagt, dass wenn wir Hasard überall im Universum finden, es auch überall am Geschehen beteiligt sein muss.[25] Diese These beinhaltet, dass Hasard kein Ergebnis der Art und Weise ist, wie Menschen die Welt erkennen. Hasard und Intelligenz kommen zusammen vor, weil durch Hasard Intelligenz erst ins Spiel kommen kann. Je größer die Intelligenz, desto größer das vorhandene Risiko. Das bedeutet, dass Gott Hasard am intensivsten ausgesetzt ist.

Die einfachste »ultimative Gleichung«, die wir uns denken können, stellt fest, dass Mensch, Universum und Gott *eine Beziehung haben*; doch nach Bennett ist diese Beziehung der Risikofaktor. Wir sind keine Zufälle der Natur, noch sind wir Marionetten eines Erschaffers. So viel sollte offensichtlich sein einschließlich der Schlussfolgerung, dass wir frei sind insofern, dass wir angesichts der Unsicherheit handeln können. Wenn die Welt nicht unsicher wäre, könnten wir keine Wirklichkeit haben.

Wir beginnen zu erkennen, dass die Unsicherheit, die wir überall um uns herum finden, ein Bestandteil des ganzen Universums ist und sich ebenso auf dessen Ursprung anwenden lassen muss. In Verbindung damit müssen wir sehen, dass Gott unsicher ist – *und nicht nur für uns*. Sich etwas anderes vorzustellen, sich vorzustellen, dass alles, was für den Menschen interessant ist, nur aufgrund von etwas besteht, das auf unsere zufällige Natur beschränkt ist, ist ein Irrweg, der die Grundlage unserer Verantwortlichkeit auflöst und damit unsere eigene Existenz. Dies wäre die Verneinung der Tatsache, dass wir einem Zweck dienen – genauso wie die Tiere,

---

25. In der Physik gilt der kosmologische Grundsatz, dass die Gesetze der Physik überall dieselben sein müssen, egal wo in unserem Universum. Dieses Prinzip ist der Kern der Relativitätstheorie. Bennett erweiterte diesen Grundsatz auch auf spirituelle Gesetze.

die wir essen, und das Gras, das diese fressen –, denn sonst könnten wir nicht existieren.

Wenn es etwas Besonderes geben sollte, das das zwanzigste Jahrhundert seinen Erben hinterlässt, muss es sicherlich der Sinn für die Unsicherheit in allen menschlichen Angelegenheiten sein und die Vermutung, dass dies nur ein blasser Schimmer der Unsicherheit ist, die in die Struktur der Realität eingebaut ist. Wir sollten daran nicht nur als Horrorvorstellung denken. Es ist eine große Befreiung, die durch die gewalttätige Reaktion von Fundamentalisten aller Spielarten nur noch unterstrichen wird, der wissenschaftlichen wie der religiösen; denn »Freiheit ist schwer zu ertragen«, wie der Großinquisitor im Buch des russischen Romanciers Fjodor Dostojewski *Die Brüder Karamasow* sagte.[26]

Seit der Veröffentlichung des vierten und letzten Bandes des Werks *The Dramatic Universe* im Jahr 1966 haben wir die so genannte »Management-Revolution« erlebt, die schließlich durch die Dynamik der Turbulenzen und Unsicherheiten in der Wirtschaft und die Revolutionen innerhalb der Sowjetunion und des Ostblocks, die alle Erwartungen übertrafen, bestätigt wurde. Wir haben auch das Entstehen der Chaostheorie als eine wissenschaftliche Revolution zum Verständnis der Komplexität der wirklichen Welt miterlebt. Hinsichtlich derartiger Veränderungen sagte einer der Sprachführer des neuen Weltbildes, der belgische Chemiker und Nobelpreisträger Ilya Prigogine:

> Die Ideen, denen wir in diesem Buch *[Dialog mit der Natur]* viel Raum gaben, die Ideen der Instabilität und der Fluktuation, schwappen über in die Sozialwissenschaften. Wir wissen, dass Gesellschaften ungeheuer komplexe Systeme sind, die eine potenziell große Anzahl von Bifurkationen mit sich bringen. Beispielhaft dafür ist die Vielfalt der Kulturen, die in einer relativ kurzen Zeitspanne in der Geschichte aufgetreten sind. Dies führt zu Hoffnung und Bedrohung: Hoffnung, da sogar kleine Fluktuationen anwachsen und die allgemeine Struktur verändern können. Als

---

26. Dieser Dialog ist einer der Höhepunkte in der Literatur des neunzehnten Jahrhunderts und beschreibt bereits die Anzeichen der totalitären Diktaturen des zwanzigsten, aber er analysiert ebenso die autoritäre und beeinflussende Mentalität der christlichen Kirchen.

Ergebnis ist die individuelle Aktivität nicht zur Bedeutungslosigkeit verurteilt. Andererseits besteht auch eine Bedrohung, da in unserem Universum die Sicherheit von stabilen, dauerhaften Regeln für immer verschwunden ist. Wir leben in einer gefährlichen und unsicheren Welt, die kein blindes Vertrauen anregt.[27]

Das sind nun die Zeichen einer Haltungsänderung, welche die Menschen für die Idee des Hasard aufnahmebereiter machen. Ich zweifle jedoch nicht daran, dass Bennett es sehr wichtig fand, den Risikofaktor so deutlich und unmissverständlich wie möglich zu präsentieren. Der Grund dafür ist, dass es beim Gewinn – wenn ich das so sagen darf – aber auch beim Verlust nicht um einen Vorteil gegenüber anderen Menschen geht oder um materielle Güter, sondern tatsächlich um unsere eigenen Seelen. Hasard ist der wesentliche Bestandteil der »echten Existenz« der Existenzialisten, weil er zum Kern der Wahlmöglichkeit führt.

In den Lehren von Don Juan wird dieselbe Idee ziemlich genau als »Einfangen eines Kubikzentimeters einer Chance« beschrieben.[28] Carlos Castaneda beschreibt in seinen Bücher sehr ausführlich, wie alternative Wirklichkeiten gleichzeitig existieren und welche Risiken daran beteiligt sind, von einer Realität in die andere zu wechseln. Sie sind insbesondere wertvoll wegen der Betonung des absichtlichen Charakters des Risikos. »Zauberei« ist in diesem Zusammenhang eine der Bezeichnungen für die Fähigkeit, Hasard zu nutzen, und ist deshalb eine Kunst der Intelligenz.

Der Gott, mit dem wir vielleicht eine Beziehung haben, der Gott der Barmherzigkeit, weiß sicherlich wie es ist, in Unsicherheit zu leben. Der Gott, mit dem wir eine Beziehung haben, ist Einer, in dessen Abbild wir geformt sind. Unsere Leiden und Ungewissheiten stammen daher. Das ist nicht nur eine christliche Vor-

---

27. Ilya Prigogine und Isabelle Stengers: *Dialog mit der Natur – Neue Wege naturwissenschaftlichen Denkens,* München 1993. Dieses bemerkenswerte Buch enthält eine Beschreibung der »Bifurkation« und ihrer Bedeutung im Bereich der neuen Chemie im Zusammenhang mit »dissipativen Strukturen«. Prigogine erklärt, wie scheinbar mechanische Systeme hoch organisierte Strukturen hervorbringen können, wenn die Bedingungen dafür gegeben sind und nicht vom thermodynamischen Gleichgewicht beeinflusst werden. Bifurkation ist ein zentraler Gedanke in Bennetts Hasard-Modell.

28. Carlos Castaneda hat viele Bücher geschrieben. *Die Kraft der Stille* (Frankfurt Main 1994) ist in unserem Zusammenhang von Bedeutung.

stellung, denn man kann sie auch in den Schriften des Sufi-Mystikers Ibn Arabi[29] finden, und sie werden auch in einem alten jüdischen Text formuliert, der von Ilya Prigogine zitiert wird:

> Sechsundzwanzig Versuche gingen der gegenwärtigen Schöpfung voraus, und sie waren alle zum Scheitern verurteilt. Die Welt des Menschen ist mitten aus dem Chaos der zurückgebliebenen Trümmer hervorgegangen, doch besitzt er selbst deshalb keinen Garantieschein: Auch er ist dem Risiko des Scheiterns und der Rückkehr ins Nichts ausgesetzt. »Möge dies gelingen«, rief Gott aus, als Er die Welt schuf. Und diese Hoffnung, welche die weitere Geschichte der Welt und der Menschheit begleitete, hat von Anfang an klar gemacht, dass diese Geschichte von radikaler Unsicherheit gekennzeichnet ist.[30]

ANTHONY G. E. BLAKE
Gloucestershire, England, Oktober 1990

---

29. Diskutiert in *The Pathetic God*, Seiten 112 bis 120 in Henry Corbin: *Creative Imagination in the Sufism of Ibn Arabi*, Princeton 1981.

30. Zitiert in *Dialog mit der Natur*, Seite 294. Siehe Anmerkung 27.

Alte und moderne Glaubenssysteme

Keiner, der die menschliche Geschichte und die menschlichen Lebensumstände beobachtet, kann daran zweifeln, dass Unsicherheit und Risiko genauso wirklich sind wie Ordnung und Ganzheit. Keine Beschreibung des Menschen und seiner Welt kann jedoch einen Wert haben, wenn sie nicht der Realität der Unsicherheit volles Gewicht gibt – und einen Weg darüber hinaus aufzeigt.[31]

NUR WEINIGE LESER MEINES WERKS *The Dramatic Universe* haben die revolutionäre These in meiner Darstellung bemerkt, dass in die Existenz des Universums ein grundsätzlicher Unsicherheitsfaktor eingewoben ist. Dieser Unsicherheitsfaktor betrifft die Existenz der Menschheit gleichermaßen. Dieser Gedanke untergräbt manche Philosophie und Theologie, er untergräbt alles, was sowohl religiöse als auch wissenschaftlich orientierte Menschen bisher als feststehend angenommen haben. Ich bin jedoch immer mehr davon überzeugt, dass die Lehre vom universellen Risiko bald unseren Glauben an das Absolute auf manchen Gebiete ablösen dürfte.

Die Lehre vom Risiko ist keine neue Erkenntnis. Es gibt viele Hinweise darauf, dass sie schon vor Jahrtausenden verstanden und ihre Bedeutung begriffen wurde. Später ist diese Lehre dann wieder verloren gegangen, und erst heute scheint die Zeit gekommen zu sein, dass sie wieder ihre Rolle als Leitgedanke zum Verständnis der Welt einnehmen sollte. Daher will ich etwa 4700 Jahre zurückgehen und mit der Zeit um 2800 v. Chr. beginnen, als die sumerische Kultur auf ihrem Höhepunkt angelangt war. Es war eine ungewöhnliche Geschichtsperiode. Vielleicht haben Sie im Nationalmuseum von Bagdad oder in einem Buch Spiele gesehen, die die Sumerer während der Blütezeit von Sumer und Akkad spielten. Eines dieser Spiele soll mein Thema einleiten.

Warum mit einem Spiel anfangen? Heutzutage werden Spiele nur zur Unterhaltung erfunden oder allenfalls als Geschicklichkeitsübung angesehen. Früher jedoch hatten Spiele eine ganz andere Bedeutung: Sie wurden von Spezialisten erfunden, um Wissen einer bestimmten Art auszudrücken und zu erhalten. Diese Spezia-

---

31. John G. Bennett, *The Dramatic Universe*, Santa Fe, London 1997 (im Folgenden als TDU zitiert), Band 3, *Man and His Nature*.

listen wussten, dass Menschen ein interessantes Spiel immer wieder spielen würden – und die Geschichte hat die Weitsicht dieser Erfinder aus längst vergangenen Zeiten durchaus bestätigt. Einige heute noch bekannte Spiele wurden in der Zeit der alten Sumerer erfunden und enthalten gewisse Einsichten, die später wieder verloren gingen.

Das Spiel, von dem ich sprechen will, ist das Backgammon, das heute im Mittleren Osten auch Tricktrack genannt wird. In diesem Spiel bewegen die zwei gegnerischen Spieler auf einem Spielbrett eine bestimmte Anzahl von Holz- oder Elfenbeinscheiben in gegensätzliche Richtungen von einem Startpunkt zu einem Ziel. Es kommt darauf an, dass der Spieler eine »Öffnung« findet, in die er einrücken kann – aber nicht jede Öffnung ist zulässig, darüber haben die Würfel zu bestimmen. Würfel wurden in sumerischen Zeiten dazu benutzt, den Zufall auszudrücken, der in jeden natürlichen Vorgang hineinspielt. Dieses Spiel ist tatsächlich die Darstellung einer Kosmologie, die mehrmals verloren ging und wieder entdeckt wurde. Im neunzehnten Jahrhundert wusste man nichts von ihr, aber im zwanzigsten wurde sie wieder neu entdeckt. Der Grundgedanke beim Backgammon ist, dass man einen gewissen Weg gehen muss, und das geschieht durch das Rücken der Figuren von einem freien Platz zum nächsten. Doch man unterliegt dabei dem Zwang eines Unsicherheitsfaktors, den die Würfel ins Spiel bringen.

Das Wort für Würfel hieß in der alten akkadischen Sprache *sar*. Es blieb in Gebrauch und taucht im Arabischen und Türkischen wieder auf. Dort bringt es den Präfix, den bestimmten Artikel, *al* mit sich und wird so zu *assar*, das Würfel bedeutet. Die Franzosen lernten das Spiel während der Kreuzzüge kennen und nannten es wie die Sarazenen *assar*. Das Wort *assar* ging in die spanische Sprache über und kam schließlich als *hazard* ins Englische beziehungsweise als »Hasard« ins Deutsche. Ich habe das Wort »Hasard« als Titel für diese Vortragsreihe ausgesucht, einerseits aus sprachgeschichtlichen Gründen und andererseits, um an die Art und Weise zu erinnern, in der dieses Wissen von der Bedeutung des Risikos in unserem Leben über Jahrtausende überliefert worden ist.

Dieses grundlegende Wissen um das Wesen des Risikos verschwand zeitweilig immer wieder, weil es etwas im Menschen gibt, das vom Risiko fasziniert und angezogen, aber auch erschreckt und abgestoßen wird. Das menschliche Sicherheitsbedürfnis würde das

ALTE UND MODERNE GLAUBENSSYSTEME

Risiko gerne als unwirklich betrachten und das Gefährliche am liebsten verbannen. Deshalb hat die Menschheit immer versucht, diese Vorstellung auf ein Gottesbild zu projizieren, das über allem Unsicheren steht, auf eine Allmacht, der das Risiko und die Unsicherheit, die wir in dieser Welt beobachten, nichts anhaben kann. Wenn Menschen die Wahrheit erkannten, dass es nichts gab, das völlig frei von Risiko war, verleugneten sie einfach den Gott, der ihnen eine sichere Zuflucht vor allem Risiko gewähren sollte. Es ist aber für unseren Glauben keineswegs notwendig, Gott mit Sicherheit gleichzusetzen; das ist einer der wesentlichen Gedanken, die ich ausführen werde. Ich will an dieser Stelle nicht mehr dazu sagen, außer anzumerken, dass unsere Einstellung zum Risiko zwiespältig ist und dass wir sehr schnell dazu neigen, allem nachzulaufen, das uns Sicherheit verspricht. Ein gutes Beispiel dafür zeigt das neunzehnte Jahrhundert, in welchem man der Gewissheit hinterherlief, die scheinbar von den Naturgesetzen angeboten wurde.

Als die Menschen sich von einem Gott im Stich gelassen fühlten, der sie von Risiko und Unsicherheit befreien sollte, wandten sich die Philosophen des neunzehnten Jahrhunderts unter Führung von Friedrich Hegel wieder den Naturgesetzen zu und bezeichneten sie als »unausweichlich«. Das erste dieser Gesetze handelt von der logischen Ausschließlichkeit und besagt, dass eine Behauptung nicht gleichzeitig wahr und falsch sein könne. Das zweite Gesetz ist das der Kausalität, das besagt, dass jede Wirkung eine vorhergehende Ursache hat. Andere Naturgesetze beschreiben die Schwerkraft, die Erhaltung der Energie, die Unzerstörbarkeit der Materie, die Entropie, die universale Evolution und die Dauerhaftigkeit von Materie und Leben. Solche Grundsätze und Gesetze waren den Wissenschaftlern am Ende des neunzehnten Jahrhunderts Glaubensbekenntnisse. Im zwanzigsten Jahrhundert begannen wir jedoch einzusehen, dass diese großen Naturgesetze nicht ganz so endgültig und gewiss sind, wie man sich das von der Mitte des achtzehnten bis zum Ende des neunzehnten Jahrhunderts vorgestellt hatte. Wieder einmal zeigte der »Gott der Gewissheit«, an den Menschen so gerne glauben wollten, dass er auf zerbrechlichen Füßen stand.

Das ist weiter nichts Neues. Die zyklische Veränderung von Glaubensgrundsätzen zeigt uns, dass eine Zeit, in der der Mensch glaubt, er habe einen sicheren, endgültigen Weg gefunden, auf dem er Risiko und Ungewissheit beikommen könne, von einer Zeit des Zweifels und der Ablehnung abgelöst wird. Danach entsteht dann wieder ein neuer Glaube und eine neue Hoffnung, dass man den Zweifel bannen könne, und so beginnt der Kreislauf von neuem. Jetzt, zu Beginn des einundzwanzigsten Jahrhunderts[32] scheint es uns, wenn wir die wissenschaftlichen Ergebnisse studieren, höchst unwahrscheinlich, dass wir je wieder dem Glauben in die Falle gehen werden, dass es in dieser Welt Sicherheit und Gewissheit geben könnte. Aber diese Erwartung basiert auf einer kurzsichtigen Geschichtsauffassung. Zweifellos werden die Menschen neue Formen der Gewissheit erfinden, an die sie sich klammern können. Das ist an sich nicht besonders unzulässig. Es liegt nun einmal in unserem Wesen, nach einem Zustand größerer Sicherheit zu suchen; aber es liegt auch im Wesen der Welt, sich in Richtung eines sichereren Zustandes zu bewegen.[33] Das geschieht auf zwei entgegengesetzte Weisen.

Auf der einen Seite gibt es die Stabilität der vollkommenen Instabilität, das heißt die Zufallsbewegung, in der alles vorausgesagt werden kann, weil nämlich nichts wirklich geschieht. Auf der anderen Seite steht die evolutionäre Suche nach Einheit, nach Integration oder Ganzheit, nach völliger Harmonie. Diese beiden Extreme ziehen uns dauernd an, und nicht nur uns, sondern auch alles andere, das existiert. Sie sind wohl bekannte, anerkannte Grundsätze, nach denen die Welt abläuft. Absolute Stabilität ist nicht mein Thema; ich will jedoch etwas mehr darüber sagen, um denen zu helfen, für die das nicht so leicht einzusehen ist.

Wenn man durch die Welt reist, so findet man hin und wieder Orte, wo einmal alte Zivilisationen geblüht haben. Eine der eindrucksvollsten ist Ninive in Kurdistan. Der Hügel ist noch da, auf dem diese Stadt einst stand. Aber niemand mehr hält ihre alten Mauern instand. Am Fuße der Stadtmauer ziehen die Kamele entlang, und keiner hält an, um die Stadt zu betrachten. Ihr Name war schon vergessen, als Xenophon vor 2500 Jahren an ihren Ruinen vorüberzog. Es drängt mich, Ihnen davon zu erzählen, weil die Ruinen Ninives, als ich sie zum ersten Mal sah, einen solchen

---

32. Anmerkung des Übersetzers: Bennett hielt diese Vorträge in den Sechzigerjahren des zwanzigsten Jahrhunderts. Ich habe mir erlaubt, den Satz zu aktualisieren, da er heute noch genauso zutrifft wie damals.

33. Anmerkung des Übersetzers: Wie die Chaostheorie aufzeigt, gibt es immer eine Bewegung von Chaos zu Ordnung und von Ordnung zu Chaos.

Eindruck auf mich machten, dass ich zu einer neuen Einsicht gelangte. Man könnte sie mit »Stabilisierung im Chaos« ausdrücken. Wo einst eines der größten Kulturzentren stand und die Herrlichkeit einer der größten Weltmächte verkündete, da ist heute nur noch eine Sanddüne. Man kann dergleichen überall in der Welt finden: dauerhafte Überbleibsel von etwas, das einmal war, aber nicht mehr ist.

Das ist die eine Art der Stabilität. Die andere Art ist die, nach der wir uns sehnen: eine Ordnung von so vollkommener Harmonie, dass sie imstande ist, sich ohne Verlust an Lebenskraft oder Inhalt ewig zu erhalten. Dieser Art sind Platos »vollkommener Staat« oder die »Gottesstadt« des Augustinus; sie sind Beispiele dieser anderen vollkommenen Stabilität.

Von der ersten Art der Stabilität wenden wir uns voller Schauder ab, obwohl wir erkennen müssen, dass sie das unabwendbare Ende von allem darstellt, das je Form gewonnen hat. Nach der anderen Form der Stabilität, dem Ideal, halten wir beständig Ausschau, ohne sie jedoch jemals finden zu können. Jeder Versuch, sie herzustellen, scheitert und führt wieder zur Stabilität der Auflösung zurück.

Lassen wir diese beiden Beispiele nun beiseite, und wenden wir uns der Bedeutung dieses seltsamen Lebensspiels zu, in dem man einem Ziel zustrebt, das unbekannt und doch wirklich ist. Das ist die Besonderheit des Risikos, das wir manchmal irgendwie fühlen und doch nicht deutlich in den Fokus unseres Geistes bringen können. Wir begreifen, dass der Gedanke, ein Risiko auf sich zu nehmen oder sich einer Gefahr auszusetzen, eine gewisse Einzigartigkeit aufweist, wie sie keiner der Stabilitätsgedanken hat. Das Risiko zieht uns genauso stark an wie die Vision ewiger Harmonie, aber in ganz anderer Weise. Ich möchte Sie besonders darauf hinweisen, dass diese Anziehungskraft nicht daher rührt, dass wir glauben, wir könnten durch Risiko zu Harmonie gelangen, sondern daher dass uns die Gefahr selbst anzieht – sie zieht uns alle zu einem gewissen Grad an, manche Menschen stärker und ausgeprägter. Für Menschen, die mit Segelbooten große Fahrten unternehmen, hohe Berge besteigen, gefährliche Trekkingtouren, Reisen in unsichere Gebiete unternehmen oder gefährliche Experimente anstellen, ist jedes dieser Unternehmen *das Leben*. Wir »gewöhnlichen« Menschen wollen jedoch verstehen, wie das

Risiko auf unser Leben zutrifft, wie es eine Realität sein kann und doch nicht alles verschlingt, wie dies bei manchen Leuten der Fall ist.

Der große Sufi-Lehrer Baha ad-din Naqshband von Buchara berichtet, wie er einmal eine Spielhölle besuchte (in jener Gegend Asiens werden Glücksspiele noch immer heimlich gespielt; daher gilt die Geschichte heute noch genauso wie vor sechshundert Jahren). Er sah den Spielern zu. Darunter war ein Mann, der alles verloren hatte, und seine Freunde versuchten, ihn vom Weiterspielen abzuhalten. »Alles hast du verloren«, sagten sie, »und alles verpfändet; nun willst du dich in die Sklaverei verkaufen, um weiterspielen zu können. Um deiner Seele Willen, gib diesen Wahnwitz auf.« Der Mann aber erwiderte: »Nicht nur würde ich mich in die Sklaverei verkaufen, sondern auch mein Leben würde ich darangeben, um nicht mit dem Spielen aufhören zu müssen. Es ist mir mehr wert als mein Leben.« Als Baha ad-din zu seinen Schülern zurückkehrte, sagte er: »Hier habt ihr ein Beispiel dafür, wie ein Mensch sein soll. Von diesem Mann habe ich gelernt, was völlige Hingabe bedeutet.« Dieser Grad des Aufgehens in eine Gefahr, die zum Verlust von allem führen kann, sogar zum Verlust des Lebens, ist natürlich auch das Ideal des Heiligen, des Menschen, der nach Vollkommenheit strebt. Die Wahl dieses Beispiels von Baha ad-din Naqshband ist bedeutungsvoll für meine These: Der Spieler gibt sich nicht nur mit seinem ganzen Leben für etwas hin, das heißt, er riskiert alles, was er besitzt, sondern er nimmt auch das vollkommene und kompromisslose Risiko an. Das ist der Kern des Begriffs »Hasard«.

Ich habe von drei Dingen gesprochen: von der Stabilität der Auflösung, von der Stabilität einer höchsten Vollkommenheit, einer perfekten selbsterhaltenden Ordnung und schließlich auch von dieser weiteren Stabilität, der totalen Selbsthingabe an etwas, das nichts verspricht und von dem man nichts erwarten kann. Das sind die wahren Kräfte, die drei Antriebskräfte, wie ich sie nenne, die uns das Leben ermöglichen.

Bisher habe ich das Risiko als etwas beschrieben, das unserer Erfahrung Bedeutung und Gewicht verleiht. Es ist aber darüber hinaus allgegenwärtig: Alles, was existiert, ist davon durchdrungen. Dies ist eine der Lehren des zwanzigsten Jahrhunderts, das zu einer Zeit der Erneuerung der menschlichen Berührung mit der lebendigen Realität wurde. Diese Zeit steht damit im Gegensatz zum neunzehnten Jahrhundert, in welchem der Mensch sich am weitesten von dieser Wirklichkeit entfernt hatte.

Eine ganz bedeutende Erkenntnis – die gewöhnlich mit dem Namen des deutschen Physikers Werner Karl Heisenberg verbunden ist, in Wirklichkeit aber auf die Entdeckung des französischen Chemiker-Ehepaars Marie und Pierre Curie vom eigentümlichen Charakter des radioaktiven Zerfalls zurückgeht – ist die, dass Ungewissheit und Unberechenbarkeit zum Wesen der materiellen Welt gehören. Wir neigen dazu, die Bedeutung von Heisenbergs bekanntem Unsicherheitsprinzip, der Unschärferelation, zu überschätzen. In Wirklichkeit ist es eine weiter nicht besonders eindrucksvolle Erläuterung der Lehre vom Risiko, denn im Grunde ist es eher die Beschreibung der Unmöglichkeit, genaue Messungen anzustellen. Interessanter ist der radioaktive Zerfall der Elemente, da niemand voraussagen kann, wann zum Beispiel ein gewisses Radiumatom sich umwandeln wird. Wir können den Zeitpunkt noch nicht einmal auf eine halbe Million Jahre genau bestimmen. In anderen Worten, hier besteht fast vollständige Ungewissheit. Irgendjemand oder irgendetwas wirft die Würfel, und zu einem bestimmten Zeitpunkt ist dieses oder jenes Radiumatom an der Reihe, einen Schritt zur Umwandlung in Blei zu machen.

Diese Erkenntnis kam wie ein Schock; man musste daraus schließen, dass es Vorgänge gibt, die man nicht in genauen physikalischen Gesetzen beschreiben kann. Max Plancks Quantentheorie machte Ungewissheit respektabel; dann aber nahm man Zuflucht zu der Wahrscheinlichkeitstheorie, der statistischen Berechnung der Verteilung von Materie. Man sagt gewöhnlich, dass Ungewissheit kein so ernster Mangel in unserem Weltbild sei, wie man zunächst angenommen hatte. Denn obwohl wir keine Ahnung haben, wann ein bestimmtes Atom sich umwandelt, können wir doch mit der größten Zuversicht voraussagen, welcher Bruchteil einer sehr grossen Anzahl von Atomen sich im Laufe eines Jahres umwandeln wird. Das war ein tröstlicher Gedanke für jene, deren Denken noch im neunzehnten Jahrhundert verankert war. Denn obwohl die absolute Gewissheit, nach der sie gesucht hatten, entschwunden war, hatten sie doch das Gefühl, dass es eine neue Gewissheit gäbe, nämlich die der statistischen Gesetze. Dennoch blieb inmitten der Wandlungen der materiellen Welt

Unsicherheit bestehen. Und das ist ein wichtiger Gedanke, denn wenn es diese Ungewissheit nicht gäbe, dann gäbe es auch keine Möglichkeit der Umwandlung überhaupt. Es gäbe dann sozusagen keine Lücken im physikalischen Universum.

Materie gleicht dem Backgammon-Spiel; sie hat Lücken. Dieses Trinkglas hier – wir alle wissen das, weil wir es in der Schule gelernt haben – sieht aus, als sei es durch und durch aus Glas. In Wirklichkeit ist es aber ein fast leerer Raum, mit kleinen Stoff- oder Energiekonzentrationen hier und dort. Wir wissen auch, dass dieses feste Stück Glas flüssig wird, wenn wir es erhitzen, und seine Form verliert. Es ist allerdings nicht so leicht zu verstehen – und die Sachverständigen haben das erst vor kurzer Zeit entdeckt – wie der Übergang vom festen zum flüssigen Glas überhaupt möglich ist. Wir wissen nun, dass es Hohlräume zwischen den Teilchen gibt, die es ermöglichen, dass ein Atom in eine solche Lücke schlüpfen kann und damit Platz für das nächste macht. So ungefähr sieht das Bild aus, das wir von diesem Vorgang haben. Wenn Sie daran denken und gleichzeitig an das, was ich vom Backgammon gesagt habe, dann können Sie sehen, dass das Schmelzen eines Glasstückes derselbe Vorgang ist und den gleichen Regeln unterliegt wie das Backgammon. Irgendjemand oder irgendetwas wirft die Würfel, und wenn ein bestimmtes winziges Siliziummolekül an der Reihe ist, in eine vorhandene Lücke zu schlüpfen, ergreift es diese Möglichkeit und das Glas fließt.

Der flüssige Aggregatzustand hat mich immer sehr fasziniert. Nie habe ich zuschauen können, wie Wasser aus dem Hahn floss, ohne darüber zu staunen, dass es überhaupt möglich ist. Die Tatsache, dass etwas schmelzen kann, erschien mir stets als sehr eigenartig in ihrer Bedeutung für das Verständnis des Wesens der Dinge. Außer diesem Gefühl, dass man hier etwas Bemerkenswertem gegenübersteht, muss man aber auch den sehr starken Wunsch hegen, mit der Natur zu sprechen, und sie bitten können, über ihre Geheimnisse zu sprechen. Wenn Sie ein schmelzendes Stück Glas oder Eis betrachten, sollten Sie sich einmal fragen: »Wie kann etwas so Erstaunliches geschehen? Wie kommt diese Eigenschaft der Mobilität überhaupt zustande?« Könnten Sie nun diese Frage bis ins Äußerste durchdenken – und alle wissenschaftlichen Erklärungen, falls sie nicht weit genug gehen, zurückweisen –, könnten Sie vielleicht ein Gefühl dafür bekommen, wie Sie selbst Teil dieses Prozesses sind. Sie würden möglicherweise verstehen, was es für ein Stück Glas bedeutet zu schmelzen. Und wenn Sie diesen Gedanken ganz zu Ende denken, dann würden Sie schließlich an einen Punkt kommen, an dem Sie alles Existierende verstehen. Selbstverständlich gilt diese Vorgehensweise auch für jede andere Frage: Solange Sie kompromisslos darauf beharren, eine Antwort auf eine Frage zu bekommen, wird Ihnen diese Antwort eines Tages geschenkt werden. Und wenn Sie eine Antwort bekommen, dann wissen Sie alles.

Ich habe diese Dinge so ausführlich behandelt, weil ich Sie darauf hinweisen wollte, dass wenn Sie über ganz gewöhnliche materielle Prozesse nachdenken, mit deren äußeren Erscheinungen Sie völlig vertraut sind, Sie nach und nach verstehen werden, dass im Kern dieser Prozesse immer ein Element des Risikos enthalten ist. Es muss immer eine Unsicherheit, eine Lücke bleiben, damit der Vorgang überhaupt möglich ist. Heutzutage ist uns diese Sache vertrauter geworden; das Studium der Evolutionslehre hat uns diesen Unsicherheitsfaktor klar gemacht.

Ein Beispiel dafür ist das Auftreten von Mutationen, das heißt der Veränderung der Erbanlagen, die nicht durch eine Neuordnung der vorhandenen Gene geschieht, sondern durch den Einbau eines neuen Gens. Es wurde entdeckt, dass während des Prozesses der Fortpflanzung des Lebens eine Vermischung von bestimmten Mustern bei der Vereinigung der Keimzellen auftritt, ein ungewisser, dem Zufall unterliegender Vorgang.

Auch daran hat der Risikofaktor seinen Anteil, denn dadurch wird es für das Leben möglich, sich zu transformieren. Gäbe es nicht diese Unsicherheit in der Übertragung des Erbmusters, wäre das Leben schon lange einförmig geworden und könnte nur unter gleichbleibenden Bedingungen fortdauern. Falls sich diese Bedingungen grundlegend änderten, würde das Leben vernichtet werden. Gerade das Risiko, das die Fortpflanzung mit sich bringt, bietet die Möglichkeit zur Entwicklung höherer Seinsstufen.

Der andere Aspekt des Evolutionsprozesses ist der Kampf ums Überleben. Zweifellos existiert dieser Faktor: Das Schwächere verschwindet langsam, und die vielversprechenderen Linien haben eine größere Gelegenheit für Entwicklung und Fortschritt. Das ist die unverkennbare Auswirkung des Risikofaktors. Wäre das Leben keiner Gefahr ausgesetzt, könnte es sich auch nicht entwickeln. Dieser Zusammenhang ist einige Gedanken wert. Wir stellen uns das Überleben des Tüchtigsten als eine Art unbarmherziger Ausrottung der Schwachen vor. So wäre es tatsächlich, wenn wir in einer Welt leben würden, die still steht. Betrachen wir es jedoch als die Fähigkeit einer Lebensform, sich unter wechselnden Umweltbedingungen zu erhalten, dann sehen wir, dass sie ohne örtliche und begrenzte Risiken auch keinerlei Möglichkeiten hätte, es mit den weitreichenderen Risiken starker klimatischer Veränderungen aufzunehmen, wie sie auf einem Planeten wie dem unsrigen vorgekommen sind und vorkommen müssen.

Und hier verhält es sich mit dem Risiko wieder wie beim Backgammon-Spiel, das ich als Beispiel für diesen Vorgang angeführt habe. Es gibt Lücken in der Evolution, die durch Sprünge oder Mutationen entstanden sind. Welche Art fähig ist, die Lücken zu füllen, hängt von den besonderen Umweltbedingungen ab, mit dem Ergebnis, dass eine Gattung verschwindet und eine andere gestärkt wird. Eine Gattung, die unter einer bestimmten Bedingung zugrunde gegangen wäre, wird unter einer anderen gestärkt und gefestigt. Die Würfel bestimmen, was geschieht.

Ich habe zwei oder drei wohl bekannte Beispiele beschrieben, in denen sich das Risikogesetz auswirkt, um zu zeigen, dass Gelegenheiten sich gleichzeitig anbieten und verschließen, und dass jederzeit die Möglichkeit besteht, zu gewinnen oder zu verlieren, je nachdem von welcher Seite wir es betrachten. Eine Tür öffnet sich – und wer fähig und bereit ist, durch diese Tür zu gehen, der hat einen Schritt vorwärts getan. Gelegenheit und Entscheidung wirken zusammen, um Umwandlungen zu ermöglichen.

Nun wollen wir uns wieder dem menschlichen Leben zuwenden und uns fragen, ob für den Menschen eine Möglichkeit, mehr zu erreichen als bloße tote Stabilität, davon abhängt, dass er sich einer Gefahr aussetzt. Origenes, ein christlicher Theologe des dreizehnten Jahrhunderts, erkannte diese Idee. Wenn er nicht aus innerkirchlichen Gründen in Ungunst gefallen wäre, hätte er die Philosophie des Westens viele Jahrhunderte beeinflussen können. Er lehrte, dass bei Erschaffung der Welt ein grundlegender Mangel – auf Griechisch *sterisis* – in sie eingebaut worden sei, der alles, was existiert, einschließlich des Menschen, einem Risiko aussetzt. Dieser Mangel treibt uns zur Befriedigung unserer Bedürfnisse und zur Sicherung gegen Gefahren. Und so begeben wir uns auf die Suche. Ohne Mangel, ohne Risiko, gäbe es in der Welt keinen Trieb zur Suche, und auch nicht im Menschen. Was Origenes lehrte, kam der Lehre des universellen Risikos und der allgemeinen

Unsicherheit, von der ich spreche, sehr nahe. Ich glaube, sein Gefühl, dass die Wirklichkeit diesen Charakter des Ungewissen hat, hielt ihn davon ab, der offiziellen Kirchenlehre völlig zu folgen. Er war ein Mensch von ungewöhnlicher Einsicht.

Wir werden unablässig gelehrt, dass Ungewissheit eine Krankheit oder ein Übel sei, von dem wir uns befreien müssen. Moralisten sagen, sie sei die Folge eines Unglücks oder einer Sünde, die wir aus der Vergangenheit mitschleppen. Solche Erklärungen hindern uns an der Erkenntnis, dass Gefahr und Risiko eine notwendige Vorbedingung unseres Fortschritts sind. Dadurch wird uns die Erkenntnis verstellt, das es kein »Unglück« ist, wenn wir diesem Gesetz unterworfen sind, sondern dass es ein Umstand ist, dem die gesamte Schöpfung ausgesetzt ist. Das lässt eine ganz andere Deutung des zynischen Ausspruchs des Romanciers und Satirikers Anatole France zu, der sagte, dass die Erschaffung der Welt ein Akt der höchsten Unbesonnenheit gewesen sei. Denn gerade in dieser Unüberlegtheit liegt die ganze Schönheit der Schöpfung. Das allein macht alles der Mühe wert. Wäre die Welt auf Vorsicht begründet, wären wir ihrem Ursprung ganz fremd. Lebten wir jedoch in einer Welt, bei deren Schöpfung ein Risiko eingegangen wurde, dann sind wir an diesem Risiko beteiligt. In diesem Falle macht alles in der Welt einen Sinn, einschließlich der Leiden, der Misserfolge und des Bösen selbst, das für jede Lehre ein so schwieriges Problem darstellt.

Das wirklich Interessante und Wichtige an der Wirkungsweise des Risikos ist jedoch zu verstehen, wie wir daraus Nutzen für unser Leben ziehen können. Gefahr, Abenteuer, Unsicherheit und alles andere, was das Wort »Hasard« sonst noch enthält, sind positive und wichtige Faktoren in der Harmonie der ganzen existierenden Welt und in der Harmonie, die über diese Welt hinausgeht. Hasard ist genauso existentiell wie die beiden anderen Prinzipien: das der allgemeinen Auflösung und das der allgemeinen Evolution.

Risiko ist nicht nur einfach ein Element des Evolutionsmechanismus. Risiken, die man auf sich nimmt, zahlen sich nicht immer aus. Im Gegenteil: Risiko bedeutet, dass es auch möglich ist, sogar wahrscheinlich, dass die Sache misslingt. Die Natur scheint dieser Wahrscheinlichkeit durch verschwenderischen Reichtum vorzubeugen. Jede Eichel, die auf den Boden fällt, hat mit allerlei Gefahren zu rechnen, von stöbernden Schweinen bis zu dörrender Hitze. Aus einer oder zwei dieser Eicheln werden vielleicht neue, große Eichen. Das Dorschweibchen legt – man kann es kaum glauben – eine Million Eier, und das, um einen einzigen neuen Dorsch hervorzubringen. Möglicherweise liegt das Risiko in unserem Menschenleben ähnlich, und die meisten von uns erleiden Fehlschläge, damit einige wenige etwas erreichen können. Darüber müssen wir nachdenken; und sollte es sich als richtig herausstellen, dann müssen wir diesem Sachverhalt ins Auge blicken. In jedem Fall müssen wir dem Gedanken Raum lassen, dass es so sein könnte.

Im Laufe der Geschichte unserer Erde sind zahllose Lebensformen entstanden, und weitaus die meisten sind wieder zugrunde gegangen und verschwunden. Manche Entwicklungslinien, die aussichtsreich erschienen, wurden vernichtet; manch eine Möglichkeit verwirklichte sich nicht. Es gab viele Kulturen in der Geschichte der Menschheit; nur ein paar haben sich halten können, und selbst von diesen weiß die Nachwelt sehr wenig.

Wenn wir also ernstlich über das Wesen des Risikos nachdenken wollen, müssen wir im Auge behalten, dass wir es mit einem Gesetz zu tun haben, das keineswegs garantiert, dass das Risiko, das man auf sich nimmt, sich auch auszahlt.

Diskussion

Frage: Sie sagten, es sei unmöglich, dass etwas zufällig entsteht oder dass aus zufälligen Ereignissen in der Natur eine dauerhafte Ordnung entstehen könne. Und Sie erwähnten den menschlichen Hauptantrieb zu einer dauerhaften Gesellschaftsordnung.

John G. Bennett: Ich habe nicht gesagt, dass der Mensch einen Antrieb zur Ordnung hat, sondern nur, dass er sich nach Ordnung *sehnt*. Es gibt keinen Beweis für irgendwelche Dauerhaftigkeit; je komplexer eine Gesellschaft wird, umso größer werden die Risiken, die sie auf sich nehmen muss. Es ist sehr unwahrscheinlich, dass es eine dauerhafte Ordnung von größerem Ausmaß gäbe, die nicht schon den sicheren Zerfall in sich trägt.

Frage: Gibt es irgendeinen Zusammenhang zwischen Heisenbergs Unschärferelation und dem, was man »freien Willen« nennt?

J.G.B.: Ja. Sie können entweder den Impuls eines Elektrons oder seine Position messen. Das ist Ihre Freiheit, in Heisenbergs Sinn.

Frage: Würden Sie sagen, dass reines Bewusstsein ohne Inhalt dauerhaft ist?

J.G.B.: Das mag wohl so sein. Aber wäre inhaltloses Bewusstsein nicht ein toter Zustand der vollkommenen Auflösung? Ich könnte mir vorstellen, dass Bewusstsein ohne Inhalt vollkommene Auflösung ins Nichts bedeutet.

Frage: Sie haben doch aber die Theorie vorgebracht, dass das ganze Weltall unsicher ist.

J.G.B.: Das Weltall ist das, was wir erkennen können. Gott wird dagegen als unerkennbar definiert; daher wollen wir lieber keine Fragen über Gott stellen. Alles, was wir beobachten und erfahren können, scheint darauf hinzuweisen, dass es eine Dauerhaftigkeit des Todes gibt, eine Beständigkeit in der Auflösung, eine Beständigkeit richtungsloser Bewegung und des Zerfalls in gleiche Teile. Über die Stabilität vollkommener transzendentaler Harmonie, wie man sie Gott zuschreiben könnte, wissen wir nichts, und ich möchte sagen, dass wir sie uns nicht einmal vorstellen können.

Frage: Ich kann Ihnen zustimmen, dass es auf der materiellen Ebene keine Beständigkeit außer der der Entropie gibt. Glauben Sie aber nicht, dass es höhere Ebenen der Spiritualität gibt, auf denen es eine seelische Beständigkeit geben könnte?

J.G.B.: Dass es höhere Ebenen der Spiritualität gibt, daran zweifle ich keineswegs. Aber warum sollten wir annehmen, dass sie dauerhafter sind? Vielleicht sind sie unbeständiger als materielle Dinge. Wenn Sie meine Ansicht teilen, dass Stabilität Tod bedeutet, dann würde dies bedeuten, dass die höheren Ebenen noch toter als der Tod sind. Falls Sie also reines Bewusstsein als dauerhaft ansehen, bedeutet das, dass Sie es für tot halten.

Frage: Also Sie meinen, sobald sich eine Sache verfestigt, wird sie leblos?

J.G.B.: Ja, so sieht es für mich aus. Solange es Risiken gibt, die man auf sich nehmen muss, Gefahren, die man bestehen muss, solange ist Leben vorhanden. So sehe ich es. Unsere Erfahrung scheint mir Recht zu geben. Wenn wir uns manchmal vorstellen, es wäre doch nett, wenn alles einmal zu Ende wäre, und wir in ewigem Frieden schlafen könnten, dann flüstert etwas in uns: »Aber ich würde schon ganz gerne mal ab und zu aufwachen und etwas erleben.«

Frage: Würden Sie sagen, dass die Leere oder das Nichts der Selbstlosigkeit oder der Selbstvernichtung in reinem Bewusstsein

ein Zustand dauernder Potenzialität sein könnte, also ein Zustand der eher lebendig als tot ist und voller Möglichkeiten?

J.G.B.: Wenn der Zustand Möglichkeiten enthält, dann muss er auch Unmöglichkeiten enthalten. Wenn das Wort »Möglichkeit« überhaupt etwas bedeutet, dann doch nur, dass etwas entweder sein oder auch nicht sein kann. Wenn es sein muss, dann würden Sie es nicht als Möglichkeit bezeichnen. Dann ist es eine Wirklichkeit, etwas Festgelegtes. Wenn etwas festgelegt ist, können Sie nicht von einer »Möglichkeit« sprechen. Wenn es Möglichkeiten gibt, müssen diese Unsicherheiten enthalten, sonst hat das Wort keinen Sinn. Und darum muss Ihr Begriff der unbeschränkten Möglichkeiten auch bedeuten, dass es unbeschränkte Unsicherheiten gibt, und das heißt unbeschränktes Risiko. Man lässt diesen Sachverhalt immer wieder außer Acht. Wenn es unbeschränkte Möglichkeit ohne Unsicherheit gibt, dann kann das nur bedeuten, dass unbeschränkte Vorausbestimmung herrscht.

Frage: Würden Sie sagen, dass das Pferd, welches das nächste Rennen gewinnen wird, schon feststeht? Manchmal kann man das ja voraussehen.

J.G.B.: Manchmal kann man den Sieger voraussehen, und dann gewinnt er trotzdem nicht. Das ist die Ungewissheit dabei. Wenn Sie einen Traum hätten, in dem Sie sehen würden, welches Pferd das nächste Derby gewinnt, würden Sie ihren letzten Penny darauf setzen?

Antwort: Wenn es eine gewisse Art von Traum wäre – ja.

J.G.B.: Das bedeutet, dass Sie auf der Leiter der Leute, die bereit sind, ein Risiko auf sich zu nehmen, ziemlich hoch stehen.

Frage: Würden Sie Instabilität mit Bewegung und Stabilität mit Ruhe vergleichen? Dann wäre ja Instabilität etwas Lebendiges und Aktives, und die Stabilität, die sie als Tod bezeichnen, könnte als ein Leben in Ruhe, als Zustand der Potenzialität angesehen werden.

J.G.B.: Wenn es ein Zustand der Potenzialität wäre, gäbe es Alternativen, andere Möglichkeiten, die sich auch verwirklichen könnten. Das Wort »Potenzialität« oder »Möglichkeit« muss das beinhalten. [Bennett nimmt einen Zeigestock in die Hand.] Dieser Zeigestock hat eine Möglichkeit, weil er sich in einem gewissen Abstand über dem Boden befindet und gleichzeitig auf dem Tisch liegt. Das bedeutet aber nicht, dass alles Risiko ausgeschlossen ist, dass er nicht etwa vom Tisch heruntergestoßen werden könnte.

Ruhe ist nicht dasselbe wie Tod. Gewiss, es gibt Ruhezustände, es gibt Zustände bewegungslosen Potenzials. Natürlich. Ruhe und Bewegung sind nicht dasselbe wie Determinismus und Ungewissheit.

Frage: Handelt es sich dann nicht eher um eine lebendige Leere als um eine tote, solange Potenzialität existiert? Ich denke jetzt an polare Gegensätze, denn wir sprechen von Möglichkeiten und Unmöglichkeiten. Das ist nicht eine vielseitige, ganzheitliche, sondern eine polare Denkweise. Wir sprechen hier von Gegensätzen, die möglicherweise außerhalb unseres Bewusstseins überhaupt nicht existieren. Wenn wir anders denken würden und nicht ausschließlich mit dem Gehirn, dann könnten wir vielleicht sehen, dass es außer Möglichkeiten und Unmöglichkeiten noch etwas anderes gibt.

J.G.B.: Sie haben genau getroffen, was ich versuche klar zu machen, nämlich dass es sich hier nicht um eine polare Situation handelt. Risiko ist weder der eine noch der andere Pol, noch liegt es halbwegs dazwischen. Es ist etwas ganz anderes. Risiko ist weder Stabilität noch Unbeständigkeit, es ist weder die Stille des Todes noch ein Zustand vollkommener Ordnung. Es ist anders – es ist etwas Lebendiges. Ein lebendiger Zustand ist kein Endpunkt. Wenn wir ihn als polar ansehen, dann können wir nur zu dieser Einteilung kommen: dass nämlich alles entweder in einem statischen Tod, im Nichtsein endet, oder aber alles strebt auf Unendlichkeit zu, wie im Omega-Begriff des französischen Philosophen Teilhard de Chardin. Ich halte beide Ansichten für unzulänglich.

Frage: Können Sie uns sagen, welche Rolle die Zeit in diesem Zusammenhang spielt?

J.G.B.: Auf die Zeit sollten Sie mich lieber nicht zu sprechen bringen, dann höre ich nicht mehr auf! Ich glaube, dass es durchaus richtig ist, die Zeit mit den Begriffen von Ordnung und Unordnung zu verbinden: als Zeitpfeil, wie Sir Arthur Eddington ihn versteht. Aber ich glaube nicht daran, dass es nur die eindimensionale Zeit der thermodynamischen Degeneration gibt. Ich denke, dass verschiedene Arten der Zeit nebeneinander hergehen. Das bedeutet, dass es mehr Zeitdimensionen gibt, als man gewöhnlich annimmt. Jemand hier hat die verschiedenen Ebenen der Spiritualität erwähnt. Das bedeutet doch, dass wir es mit einer anderen Dimension zu tun haben, die weder innerhalb noch außerhalb der Zeit liegt; sie ist einfach anderer Art als die beiden. Nun ist es aber eine Eigentümlichkeit des Risikos, dass es auch nicht innerhalb der Zeit zu wirken scheint. In anderen Worten: Ich denke, wir müssen zugeben, dass die Wirklichkeit auch Bereiche hat, deren Wesen keine zeitabhängigen Prozesse kennt. Interessant und ungewöhnlich daran ist, dass wir die Zeit nur meistern, wenn wir das Risiko verstehen lernen.

Frage: Ich würde gerne etwas über das zweite Gesetz der Thermodynamik fragen. Üblicherweise wird es als ein physikalisches Gesetz angesehen. Wie würden Sie sich dazu stellen, wenn es ein Gesetz wäre, das im ganzen Weltall Geltung hätte? Ich selbst glaube das nicht.

J.G.B.: Es gilt nicht ausschließlich. Etwas kann wohl allgemein gültig sein, und dennoch nicht allein gültig. Die Schwerkraft scheint allgemein gültig zu sein, aber gelegentlich bewegen sich Dinge gegen sie, zum Beispiel in einem starken elektrischen Feld. Obwohl es also diese Art der Überlagerung verschiedener Prinzipien gibt, bin ich sicher, dass es das allgemein gültige Prinzip der Bewegung zur Stabilität hin gibt, wie es im zweiten Gesetz ausgedrückt wird. Es gibt aber auch eine Bewegung von der Stabilität weg. Dieser Begriff verbreitet sich mehr und mehr, und wird heute besonders in Frankreich gebraucht, wo man es *la loi de l'anti-hazard*, das Antihasard-Gesetz nennt. Ganz falsch ist das nicht; aber ich sehe es nicht gerne, wenn das Wort »Hasard« so benutzt wird, als ob das Gesetz der Negentropie ein Risikogesetz wäre, denn das ist es nicht. Negentropie, oder Syntropie, ist etwas Tatsächliches. Es gibt syntropische Vorgänge; sie sind aber nicht dasselbe wie Risiko.

Frage: Hat unser Begriff der Hoffnung nicht in Wirklichkeit etwas mit der Ungewissheit zu tun? Wenn etwas unabänderlich aussieht, so betet man beinahe, dass etwas Unvorhergesehenes geschehen möge.

J.G.B.: Ja, objektiv gesehen ist das richtig. Es gibt verschiedenen Arten der Hoffnung. Zu lernen, wie man in einer Welt des Hasard leben soll, bedeutet nicht nur, Möglichkeiten zu haben, sondern auch Möglichkeiten zu schaffen. Hoffnung besteht nicht darin, ein Potenzial zu verwirklichen, sondern darin, das Potenzial zu vergrößern. Das ist objektive Hoffnung. Es gibt aber auch noch andere Arten der Hoffnung, zum Beispiel die Hoffnung des Spielers. Diese besteht aber darin, dass er vom Risikogesetz erwartet, was es nicht kann, nämlich dass es ihm erlaubt, etwas zu ernten, was er nicht gesät hat. Das ist eines der großen Missverständnisse im Zusammenhang mit dem Gesetz des Risikos. Wir fallen immer wieder darauf hinein, und erhoffen vom Risikogesetz einen Profit, für den wir nicht gearbeitet haben. So ist die Welt nicht eingerichtet.

Frage: Was für eine Beziehung hat das Risiko zum Karmagesetz? Ich würde das ungern selbst definieren.

J.G.B.: Karma ist ungefähr dasselbe wie Kausalität. Das ist etwas anderes als der Begriff des *dharma*, der viel tiefer geht und viel wichtiger ist, und in dem Risiko eine bedeutsame Rolle spielt. Genau betrachtet ist Karma aber nicht dasselbe wie Kausalität, so wie man sie zum Beispiel im neunzehnten Jahrhundert verstand. Es ist ein statistisches Gesetz, das besagt, dass gewisse Ursachen sehr wahrscheinlich zu gewissen Folgen führen können. Es ist daher möglich, dem Karmagesetz zu entgehen, weil es eben nur ein statistisches und kein absolutes Gesetz ist. Geschichten wie *Faust* von Johann Wolfgang von Goethe und Henrik Ibsens *Peer Gynt* enden immer damit, dass der Held dem Karmagesetz durch einen Trick entschlüpft – wenigstens geschieht es in den Versionen, die in Umlauf gebracht werden, um die Menschen irrezuführen. Wenn es zum letzten Akt kommt, klingen diese Geschichten ziemlich unwahrscheinlich, und dennoch sind sie von großer Bedeutung. Goethe und Ibsen geben in diesen Dramen einen Einblick in die Art, wie Hasard und Karma zusammenwirken, um Situationen zustande zu bringen, die das Leben lebenswert machen.

Vor allem aber möchte ich, dass Sie verstehen, dass Hasard kein negativer Zustand ist. Es bedeutet nicht Unsicherheit oder die Verneinung von Sicherheit. Es bedeutet aber auch keine Störung oder Verneinung der Ruhe. Es ist ein dynamisches Potenzial und der Eingang zu einer Wirklichkeit, die jenseits von Sicherheit und Gewissheit steht und auch keine Grenzen hat, weil sie endlos ist.

Der Augenblick der Wahl

Das Risikogesetz besagt, dass jeder Prozess mit einem bestimmten Ziel notwendigerweise durch die Reaktionen, die er hervorruft, von seiner Richtung abgelenkt wird. Werden diese Abweichungen nicht kompensiert, wird der Prozess entweder zum Stillstand kommen oder seine Richtung so vollständig ändern, dass er sich in sein Gegenteil verkehrt. Das Gesetz besagt auch, wodurch Kompensation möglich ist: grundsätzlich durch das Zusammenwirken mit Prozessen unabhängigen Ursprungs (...)
Entscheidend ist der Zeitpunkt. Der Einfluss auf die Welt darf nicht zu früh und nicht zu spät kommen, er darf nicht zu schwach und nicht zu stark sein. Den richtigen Einfluss nannte Gurdjieff »Schock«. Er formulierte das Risikogesetz als Gesetz der Oktave, die sich in ganzen und halben Tönen von Do zu Do bewegt. Die Halbtonschritte von Mi zu Fa und von Si zu Do entsprechen den Punkten, an denen andere Prozesse wirksam werden müssen. Gurdjieff ging soweit, es das »erste kosmische Urgesetz« zu nennen.[34]

HASARD IST EINE BESONDERE EIGENSCHAFT DER WELT. WENN wir in vielen Fällen nicht vorhersagen können, was im Einzelnen geschehen wird, liegt das nicht allein an fehlenden Daten. Vor hundert Jahren glaubte man noch, man könne vollständige Voraussagen machen. Heutzutage wenden wir statistische Gesetze an, mit denen wir – vorausgesetzt es handelt sich um große Zahlen – zuverlässige Vorhersagen machen können. So können wir zum Beispiel voraussagen, wann die Hälfte einer gewissen Menge radioaktiven Materials zerfallen wird, obwohl wir keine Ahnung haben können, wann ein bestimmtes Atom zerfällt. Was mit einem bestimmten Atom geschieht, das wissen wir, ist ungewiss. Diese Art der Ungewissheit ist aber nicht dasselbe wie Hasard. Im Verhalten des Ganzen, das ja aus einer großen Anzahl von Teilchen besteht, wird die Ungewissheit aufgehoben.

Hasard ist nicht einfach Zufall. Wenn wir zum Beispiel eine Münze werfen, können wir nicht im Voraus wissen, ob Zahl oder Bild oben liegen wird. Dieser Vorgang selbst ist unbedeutend. Nur wenn das Los der Münze mit einem bedeutsamen Ereignis in Ver-

---

34. John G. Bennett: *Transformation*, Pittenhardt 1978.

bindung gebracht wird, wie zum Beispiel im Los um den Anstoß beim Fussball, kommt Hasard ins Spiel.

Risiko ist die Verbindung von Ungewissheit mit Bedeutung. Bedeutung ohne Unsicherheit ist nicht Hasard. Ich habe meinem Hauptwerk den Titel *The Dramatic Universe* (Das dramatische Universum) gegeben, weil in einer dramatischen Situation das Ergebnis für Teilnehmer und Zuschauer wichtig ist, es aber ungewiss ist, wie sie ausgehen wird. Spannung kommt hinzu, so dass eine Anspannung entsteht. Das ergibt eine ganz andere Situation, als wenn das Ergebnis belanglos oder vorausbestimmt ist.

Man kann Ereignisse grob in drei Kategorien fassen. Erstens: *belanglose Ereignisse*, bei denen es ganz unwichtig ist, was schließlich geschieht. Zweitens: *wichtige Ereignisse*, bei denen jedoch ein bestimmtes Ergebnis so wahrscheinlich ist, dass keine Spannung entsteht. Drittens: *dramatische Ereignisse*, die mit Risiko verbunden sind. Sie werden vermutlich mit mir übereinstimmen, dass diese dritte Art von Ereignis das Leben interessant macht. Würden diese Ereignisse der dritten Art ausgeschlossen, gäbe es überhaupt keine Bedeutung im Leben; doch die zweideutige Wesensart des Menschen lässt ihn vor solchen risikohaften, dramatischen Ereignissen zurückschrecken. Wir glauben sogar, dass wir uns nach der Sicherheit sehnen, die durch Ereignisse gewährleistet ist, in denen das Ergebnis so ist, wie wir es uns wünschen, ein Ergebnis das gleichzeitig vorbestimmt und garantiert ist.

Mit dieser Behauptung konfrontiert, würden es die meisten Menschen jedoch von sich weisen, dass sie diese Art von vorbestimmter Sicherheit wünschen – und dennoch richten sie alle ihre Bestrebungen danach. Wir sind im Allgemeinen kaum bereit, uns maximaler Spannung oder höchstem Risiko auszusetzen, uns ins Zentrum dramatischer Ereignisse zu begeben. Diesen gehen wir tunlichst aus dem Weg, vielleicht nicht bis zum Extrem der vorbestimmten Glückseligkeit, doch zumindest bis leicht an den Rand des Gewittersturms, ein bisschen unter das Schutzdach des wahrscheinlichen, ungefährlichen Ergebnisses.

Dieser Charakterzug verdient, näher betrachtet zu werden. Wie kommt es, dass sich die meisten von uns nach Sicherheit sehnen, nach einer Garantie für den guten Ausgang des Geschehens, an dem wir beteiligt sind? Was ist es in unserem Wesen, das uns davor zurückhält, bis zu jenem Punkt vorzudringen, der am interessantesten und bedeutsamsten ist? Vielleicht ist es teilweise so, dass wir einfach nicht sehen, dass an diesem Punkte das Leben in seiner Fülle pulsiert, dass jede Abweichung von diesem Punkt eine Verminderung dieser Fülle darstellt. Das Seltsame daran ist, dass wir das Heldenhafte durchaus anerkennen. Wir bewundern das Leben von Menschen, die sich einer großen Gefahr aussetzen, und wünschten manchmal sogar, daran beteiligt zu sein. Helden sind nur wenige, aber die meisten von uns fühlen sich vom Heldenhaften angezogen.

Wie kommt nun diese Verbindung von Ungewissheit und Bedeutung zustande? Auf den ersten Blick erscheint die Antwort ganz einfach: Es gibt überall Risiken und gefährliche Dinge, die getan werden müssen, und wenn die Gefahren überwunden sind, zahlt es sich für den betreffenden Menschen auf eine materielle oder ideelle Weise aus. Was ist weiter seltsam daran? Das besonders Seltsame daran ist, dass so etwas überhaupt möglich ist. Damit Risiko überhaupt möglich ist, muss die Welt auf ganz besondere Weise konstruiert sein. Dennoch ist das eines der Dinge, die wir als selbstverständlich hinnehmen, und wir hinterfragen nicht weiter, wie das überhaupt möglich sein kann. Für die meisten scheint es keine sehr tiefe und schwierige Frage aufzuwerfen. Für mich ist es stets eine der wichtigsten Fragen überhaupt gewesen.

Ich hatte immer das dringende Bedürfnis zu verstehen, warum die Welt so eingerichtet ist. Doch gerade so eine Welt, die voller Risiko ist, wird in Philosophie und Religion sehr selten beschrieben, geschweige denn ernst genommen. Es wird fast immer angenommen, dass es eine höhere Macht gibt, die vom Risiko ausgenommen ist, und die Welt auch in gewissem Sinne vor dem Risiko schützt. Diese Lehre von der Allmacht und Allwissenheit Gottes ist natürlich mit der Wirklichkeit eines Risikos in der Schöpfung unvereinbar. Wenn man an das Risiko glaubt, dann muss man aufhören, an die Allmacht und Unfehlbarkeit eines Schöpfers zu glauben. Andererseits nimmt jemand, der an eine höhere Macht und göttliche Vorsehung glaubt, immer an, dass schließlich am Ende alles in Ordnung kommen muss. Die überirdische Macht Gottes ist der Garant dafür.

Es gibt einige verborgene Sekten, besonders in Asien, die den Glauben nicht teilen, dass die Welt oder überhaupt irgendetwas schließlich zwangsläufig in Ordnung kommen muss. Die Glaubensgemeinschaft der Jeziden gehört dazu. Das sind wunderbare

DER AUGENBLICK DER WAHL

Menschen, deren Lebensweise tugendhafter und besser organisiert ist, als die vieler anderer Gemeinschaften, denen ich in meinem Leben begegnet bin. Die Jeziden glauben, dass wir in einem Drama mitspielen, dessen Ausgang ungewiss ist, und dass wir uns für eine Rolle in diesem Drama entscheiden müssen, ohne irgendwelche Garantie, dass die gute Macht imstande ist, das Böse zu überwinden.

Ich kann mich daran erinnern, wie Peter D. Ouspensky uns vor Jahren einmal riet, die Fabeln von Robert Louis Stevenson sorgfältig zu lesen. Er hielt sie für ganz besonders erleuchtet, voller Einblicke in die Wirklichkeit, wie wenige Bücher sie gewähren können. Eine seiner Fabeln[35] erzählt von drei Leuten, die zusammen durch die Welt ziehen. Einer ist ein rechtschaffener Mann, der zweite ein Priester und der dritte ein verkommener, alter Soldat. Der rechtschaffene Mann und der Priester diskutieren dauernd über den Glauben, darüber, was denn nun beweise, dass man Glaube habe, und wie der Glaube am Ende immer die Oberhand behält. Nun geschieht allerlei, was den Glauben des Priesters beunruhigt, und er weiß nicht, was er davon halten soll, denn er hat immer die Ansicht vertreten, dass die vollkommene Ordnung der Welt ein Beweis der göttlichen Vorsehung sei. Dann sieht er einen Pfau, der wie eine Nachtigall singt, und das erschüttert seinen Glauben an die Vorsehung so sehr, dass er nicht weiß, was er tun soll. Schließlich hören die drei die Botschaft, dass der große Krieg zwischen Odin, dem Schöpfergott der nordischen Mythologie, und den Mächten der Finsternis zu Ende gehe: Die Bösen haben gesiegt und Odin muss sterben. Der rechtschaffene Mann überlegt schnell, ob es noch möglich sei, mit dem Teufel Frieden zu schließen, und der Priester tut das auch, aber der sündhafte, alte Krieger macht sich auf den Weg. Und wie die anderen beiden ihn fragen, wo er denn hin wolle, sagt er einfach: »Ich will an der Seite von Odin sterben.«

Stevenson will uns mit dieser Geschichte zeigen, dass ein Mensch, der ein Risiko auf sich nimmt wie der Krieger, versteht, dass das Ganze von Hasard durchdrungen ist. Wir können uns nicht zurücklehnen und zulassen, wie der Kampf der Götter und der Unterwelt ohne unsere Beteiligung ausgefochten wird. Wir

---

35. *Faith, half faith, and no faith at all* (Glaube, Halbglaube und Unglaube) aus Robert Louis Stevenson: *Fables*, New York 1923.

müssen hingehen und gegebenenfalls mit Odin sterben. Diesen Glauben vertreten die Jeziden und einige andere seltene religiöse Gruppen. Sie glauben, dass das Verhalten des Menschen in dieser Welt von Bedeutung ist, und dass sein Einsatz auf der einen oder anderen Seite das Endergebnis beeinflussen kann. Anders ausgedrückt: Wir leben in einer risikovollen und dramatischen Welt, in der die Entscheidung selbst des einfachsten Menschen wichtig ist.

Aus irgendeinem Grunde – und ich glaube, dass die Ursache sehr tief in der menschlichen Natur liegt – wird dieser Glaube immer wieder verworfen. Die Menschen halten sich lieber an die Vorstellung, dass es eine Allmacht gäbe, die die Welt zwar für eine kurze Zeit in Schwierigkeiten geraten lässt – warum, das weiß nur sie selbst – die aber am Ende dafür sorgt, dass alles wieder zurechtgerückt wird. Der Gedanke, dass ein grundlegendes, allgegenwärtiges Risiko überall mit hineinspielt, ist nicht nur religiösen Menschen widerwärtig, sondern auch Menschen, die an die Wissenschaft glauben. Er ist allen denen widerwärtig, die glauben, dass es dem Menschen möglich sei, die Geheimnisse des Weltalls zu enträtseln, weil sie hoffen, auf diese Weise ein zuverlässiges Modell des Universums zu entdecken, das der Mensch verstehen kann. Wie schon viele Denker so oft betont haben, gibt es in Wirklichkeit keinen grundlegenden Unterschied zwischen Gottgläubigen und Atheisten. Beide leben im Glauben an eine unsichtbare Macht: Für den Atheisten ist es die unsichtbare Macht universeller Gesetze, für die Gottgläubigen die unsichtbare Macht des allmächtigen Schöpfers.

Meine Überzeugung ist, dass es in dieser Welt, wie ich sie sehe, keinen anderen Weg gibt, mit ihr zurechtzukommen, als jeden Gedanken an Sicherheit abzulehnen, sowohl an eine verhältnismäßige als auch eine endgültige. Ebenso sollte man die Erwartung verwerfen, eine endgültige, absolute Wahrheit zu finden. Ich glaube keineswegs, dass wir damit etwas aufgeben, was wirklich wichtig oder wertvoll ist, ganz im Gegenteil. Ich meine, dass es für uns vielmehr von Bedeutung ist, in ein Geschehen verwickelt zu sein, das spannend und interessant ist und in dem wir eine Rolle zu spielen haben. Ein solches Geschehen muss Risiko und Drama enthalten.

Ich habe darauf hingewiesen, dass es keineswegs leicht ist zu verstehen, wie es eine Welt geben kann, die das bietet. Weder die Theologie noch die Naturwissenschaften beschreiben die Welt auf diese Art. Langsam jedoch beginnen Wissenschaften und Theologie, ihre absoluten Erwartungen loszulassen, und tasten sich vorsichtig zu einer neuen Erfahrungsdeutung vor. In mancher Hinsicht hat die Wissenschaft bereits absolute Gesetze aufgegeben; sie hat jedoch, wenigstens zeitweilig, zu der Verlässlichkeit statistischer Gesetze Zuflucht genommen. Wie ich vorher zu zeigen versucht habe, lassen statistische Gesetze Hasard oder Risiko außer Betracht, denn Gesetze beziehen sich ja auf die Gesamtsituation, während ein Risiko nur in einem Einzelfall eintreten kann. Wenn wir zum Beispiel die Gesamtsituation der Luft in diesem Saal betrachten, gibt es keine Unsicherheit und keine Grundlage für Furcht oder Hoffnung. Wie könnte es in einer Welt, die von absoluten Gesetzen geregelt wird, Furcht und Hoffnung geben? Diese Frage klingt natürlich etwas konstruiert, denn wir wissen ja sehr gut, dass Furcht und Hoffnung wirklich vorkommen. Wir wissen das so sicher, dass es uns nicht einmal einfällt zu fragen, wie es denn beide überhaupt geben kann.

Die Wissenschaftler, Philosophen und Dichter des neunzehnten Jahrhunderts waren völlig davon überzeugt, dass Furcht und Hoffnung eine Privatangelegenheit des Menschen seien und auch keine Rolle in Natur und Welt spielten. Wäre es wirklich so, wären das Dramatische, das Hoffnungsvolle, das Furchtbare und das Riskante nur eine Privatangelegenheit der Menschheit – dann wäre dies vielleicht das Merkwürdigste, das es geben könnte. Dann würde der Mensch so einzigartig dastehen, auf so bedeutsame Weise einzigartig im Universum sein, dass man annehmen müsste, es gäbe nur ein wirklich göttliches Wesen im Weltall, den Menschen. Es ist jedoch überaus unwahrscheinlich, dass es so ist.

Ich habe zu zeigen versucht, dass man überall Spuren der Unsicherheit finden kann. Und das ist wichtig. So weit ich es übersehen kann, wäre es uns Menschen nicht möglich, so zu sein, wie wir sind, und die damit verbundenen Erfahrungen zu machen, wenn wir nicht auch in einer entsprechenden Umwelt lebten. Wie sollte es Risiko und Drama in unserem Leben geben, wenn wir Gefangene in einer Welt wären, in der es diese Aspekte nicht gäbe?

Wollen wir das Rätsel lösen, müssen wir durch die Grenzen brechen, die unserem gewöhnlichen Denken über das Dasein zu eigen sind. Wir haben einen wunderlichen Begriff vom Dasein, weil wir annehmen, dass Existenz bedeute, hier und jetzt zu sein. Wir scheuen uns vor Fragen wie: »Gibt es das Gestern noch?«, »Ist das Morgen schon irgendwo vorhanden oder nicht?« Wenn wir anfan-

gen, solche Fragen zu stellen, geraten wir schnell in so tiefes
Wasser, dass wir es vorziehen, uns leichteren Dingen zuzuwenden
und uns mit dem zu beschäftigen, was wir sehen und anfassen
oder, noch leichter, uns erträumen können, ohne es weiter auf
seine Wirklichkeit hin überprüfen zu müssen. Wenn wir zunächst
einmal irgendwie sagen, dass alles, was vergangen, gegenwärtig
oder zukünftig ist, »besteht« und wenn wir uns dann auch nicht
scheuen, noch einen Schritt weiterzugehen und anzudeuten, dass
dies allerdings nicht in einer sehr scharf umrissenen Weise besteht,
sind wir auf dem richtigen Weg. Gegenwart und Zukunft sind
nicht genau festgelegt in der Art und Weise, wie sie vorhanden zu
sein scheinen. Außerdem es gibt einen gewissen Übergangszustand, der zwischen Sein und Nichtsein liegt. Und es sieht so aus,
als ob in einer solchen, ziemlich verschwommenen, wolkigen, geisterhaften Welt manches möglich wird, was eine genau festgelegte,
klar umrissene Welt nicht zulassen würde.

Viele Philosophen haben sich dahin geäußert, dass sie sich mit
Ideen wie der Vorherbestimmung oder dem Problem des freien
Willens nicht besonders beschäftigen müssten, weil es ja schließlich in der Welt einen Platz für freie Handlungen geben müsse,
und dies sei alles, was man einzuräumen brauche. Es ist aber
durchaus nicht so einfach. Wenn man die Frage ernstlich stellt,
was denn eigentlich mit diesen Begriffen gemeint sei, können wir
sehen, dass die Welt sich in Richtungen erstreckt oder erweitert,
die außerhalb unserer gegenwärtigen Erfahrung und außerhalb
möglicher Erfahrung liegen.

Wir können auf jeden Fall annehmen – und wir stehen damit
noch immer auf den gleichen Grundlagen wie die Physik –, dass
neben dem, was verwirklicht wird und sichtbar ist, immer noch ein
unsichtbares Potenzial besteht.[36] In Einklang mit dem Glauben an
absolute Gesetze und strenge Kausalität fließt dieses unsichtbare
Potenzial auf eine einzigartige Weise in tatsächliche Ereignisse.
Daher ist es möglich, genau vorherzusagen, wie sich das Potenzial
nach einiger Zeit in reale Objekte umwandelt. Man kann diese
Vorhersage für alle Systeme machen, die hinreichend bekannt
sind, so wie etwa die Bewegungen im Sonnensystem. Aber Vorher-

---

36. Anmerkung des Übersetzers: Der Physiker David Deutsch spricht von
»Schattenphotonen«, die aus einer wesentlich größeren Anzahl bestehen als die
›sichtbaren‹ Photonen. Siehe: David Deutsch: *Die Physik der Welterkenntnis*,
München 2000.

sagbarkeit dieser Art lässt sich nicht auf die Vorgänge in unserem menschlichen Maßstab übertragen. Wir können einfach nicht wissen, welche der verschiedenen Dinge, die möglicherweise geschehen könnten, auch wirklich geschehen werden. Man sagt gewöhnlich, dass eine Sache geschehen ist und die übrigen Möglichkeiten eben nicht, und daher sind diese verschwunden und haben zu existieren aufgehört. Denken wir an den Wurf einer Münze: Wenn sie einmal geworfen wurde und die Zahl nach oben zu liegen kommt, interessiert uns das Bild, das verdeckt daliegt, nicht weiter. Soweit wir an der Sache interessiert sind, existiert es einfach nicht mehr. Alle Folgen des Münzwurfs hängen im Weiteren von der Bedeutung des Loses ab. Wenn wir die Münze dazu benutzten, um etwas Wichtiges zu entscheiden, ist diese Entscheidung alles, was wir in Betracht ziehen müssen.

Sollte jemand sagen, das Bild sei aber auch gefallen, und alle Folgen, die von dem Bild stammen, seien ebenso wirklich wie die Folgen davon, dass die Zahl oben lag, so würde uns das völlig unsinnig anmuten. Bei einem Fussballspiel mag der Münzwurf wichtig sein, weil die Wahl der Seite bedeutsam sein kann. Gehen wir einmal dem Gedanken nach, dass beide Spiele tatsächlich stattfinden, dass nämlich beide Mannschaften, jede in einem Spiel, auf derselben Seite spielten. Wir würden sagen, dass dies unmöglich sei, weil dafür einfach kein Platz ist: Auf demselben Feld und zu einer bestimmten Zeit kann nur ein Spiel stattfinden. So sehen wir die Sache für gewöhnlich, und diese Ansicht deckt sich mit dem, was wir sehen und begreifen können.

Wollen wir jedoch einen Umstand finden, in dem der dramatische Faktor des Geschehens möglich ist, muss die andere Wirklichkeit, die Kehrseite von unserer, auch ein Teil der Welt sein. Die Tatsache, dass die Münze mit der Zahl obenauf gefallen ist, und die Folgen, die das hat, interessieren uns allein, weil wir eben nur in der Welt leben, in der die Zahl oben liegt. Nehmen wir aber an, dass es Menschen gibt, die in einer anderen Welt lebten, in der das Bild oben lag, dann ist das *ihre* Wirklichkeit, und die Dinge fielen so für sie aus; darüber sprechen sie am Abend, wenn sie ihre Zeitung lesen.

Wir wollen nun etwas annehmen, was sogar noch seltsamer ist: Die zwei Welten, in denen diese beiden entgegengesetzten Dinge geschehen, verschmelzen miteinander, so dass diejenigen, für die die Zahl oben liegt, und die anderen, für die das Bild oben liegt,

Seite an Seite in einer Welt lebten, ohne es zu wissen. Und dann wollen wir weiterhin annehmen, dass es dort jemanden gibt, der etwas ganz besonders Seltsames tun kann: Er kann von der Zahlwelt in die Bildwelt hinübergehen. Da geht er also, erfüllt mit allem, was geschehen ist, weil die Zahlseite oben lag, und er erzählt davon. Die Leute in der Bildwelt aber sagen einfach: »Du hast das Wesentliche überhaupt nicht begriffen; das, wovon du da sprichst, war gar nicht so.« Sie werden nicht fähig sein, sich gegenseitig zu verstehen, weil sie nicht fähig sein werden zu begreifen, dass es zwei miteinander verwobene Welten gibt, die Seite an Seite existieren, denn gewöhnlich würde niemand von der einen zur anderen Seite wechseln.

Nehmen wir nun aber einmal an, dass eine dieser Welten mehr Bedeutung hat und interessantere Möglichkeiten bietet, als die andere. Das sieht ungefähr so aus:

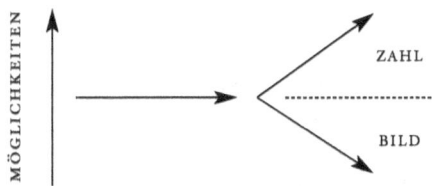

Die Zahlwelt und die Bildwelt gabeln sich, soweit es ihre Möglichkeiten betrifft. Die Summe ihrer Möglichkeiten bleibt sich gleich, aber die Bildwelt hat nunmehr einen Mangel und die Zahlwelt einen Überschuss. Die Zahlwelt ist interessanter und reichhaltiger, und wer in diese Welt hinein kann, wird ein bedeutsameres Leben haben als einer, der in die Bildwelt gerät, wo er ein ärmeres, begrenzteres Leben hat.

Nun stellt uns der Münzwurf vor noch schwierigere Fragen. Wir könnten sagen, dass die Leute dieser beiden Welten durchaus miteinander verkehren und miteinander bekannt sein können – denn was sie unterscheidet, ist nicht das sichtbare Ergebnis wie bei zwei Fussballspielen gleichzeitig, nicht äußere Vorgänge also, sondern das innere Potenzial. Die, für welche die Zahl oben lag, haben etwas, das jene, für welche das Bild oben lag, nicht haben. Aber keine der beiden Gruppen ist sich dessen zunächst gewahr; sie sind sich daher nicht bewusst, dass etwas Seltsames geschehen ist. Die beiden Pfeile unserer Abbildung – und auch die gestrichelte Linie, die für alle gilt, die an dieser Sache nicht weiter beteiligt waren – stellen einfach dar, wie die Dinge vor sich gehen. Von links nach rechts verläuft die Linie der Zeit.

Das Risiko, das mit dem Münzwurf verbunden ist, berührt die betroffenen Menschen in einer Weise, die für sie und auch für andere unsichtbar bleibt, bis die höheren Potenzialitäten beginnen, Folgen zu zeitigen. Es liegt aber im Wesen von Potenzialitäten, dass sie keine Folgen haben *müssen,* sondern nur haben *können.* Man kann also sagen, dass die Leute auf der Zahllinie gewisse Möglichkeiten haben, die die Leute auf der Bildlinie nicht haben. Es hängt aber noch von etwas anderem ab, ob sich das äußere Leben der Leute auf der Zahllinie auch tatsächlich ändern wird.

Nun mag es Ihnen scheinen, dass alles Gesagte nur eine sehr komplizierte Ausdrucksweise dafür ist, dass es in unserem Leben gewisse Scheidewege und gefährliche Augenblicke gibt, in denen wir die Möglichkeit haben, zu gewinnen oder zu verlieren. Was ich aber wirklich mit dieser Abbildung und der Beschreibung ansprechen will, ist etwas, was nicht nur innerhalb einer gewissen Person vor sich geht, sondern auch die Umgebung dieser Person verändert. Nicht nur die Menschen sind verschieden, sie leben auch in verschiedenen Welten. Es ist für uns möglich, in verschiedenen Welten zu leben, ohne es feststellen und miteinander darüber sprechen zu können, weil der größere Teil dieser Welten, in denen wir leben, mehr oder weniger identisch ist. Die Unterschiede, die tatsächlich zwischen beiden Welten bestehen, werden dabei meistens auf die subjektiven Zustände der Menschen zurückgeführt.

Wenn einer sagt: »Diese Welt ist sehr schön!« und ein anderer sagt: »Sie ist ganz schauderhaft!«, dann sagen wir, dass der eine eine gute Laune und der andere eine schlechte Laune hat. Es fällt uns nicht ein, dass es sich in Wirklichkeit, objektiv betrachtet, tatsächlich um zwei verschiedene Welten handeln könnte. Das erklärt sich daraus, dass es überaus schwierig für uns ist, die Möglichkeit in Betracht zu ziehen, dass es tatsächlich verschiedene Welten geben könnte, die nebeneinander bestehen und einander durchdringen.[37] Dennoch gibt es triftige Gründe anzunehmen, dass es wirklich so ist. Viele Menschen haben Erlebnisse und Einsichten

---

37. Anmerkung des Herausgebers: Bennett hielt sehr wichtige Vorträge über die verschiedenen Welten, zum Beispiel in *Die inneren Welten des Menschen,* Südergellersen 1984, oder Kapitel 1 und 2 im Buch *Creation,* Santa Fe 1998.

gehabt, die ihnen offenbarten, dass es verschiedene Welten gibt, und sie haben versucht, diese Einsichten in Gedichte oder Kunstwerke zu kleiden. Manchmal haben sie versucht, spirituelle oder philosophische Ausdrucksformen dafür zu finden. Es ist aber keineswegs besonders selten oder ungewöhnlich für uns, gewahr zu werden, dass wir nicht nur in einer Welt, sondern in mehreren leben. Es gibt etwas, das uns die Möglichkeit eröffnet, von einer Welt in die andere überzugehen.

Was wir hier zu verstehen versuchen, ist die Rolle, die Hasard in diesem Übergang von einer Daseinsart in die andere spielt. Ich entwickelte absichtlich die Vorstellung des Münzwurfs als Schlüssel für diesen Übergang von der horizontalen Linie in die Zahlwelt oder die Bildwelt, weil die Erfahrung zeigt, dass dieser Wechsel von einer zur anderen Welt einen spontanen, unvorhersehbaren Charakter hat. Wir entscheiden uns nicht, in eine andere Welt zu gehen, so wie wir uns entscheiden, in einen Autobus zu steigen. Dies erscheint unsinnig oder sonderbar. Wir glauben, dass, wenn es verschiedene Welten gibt, es durchaus rechtmäßig sein müsse, dass wir uns einen dieser Wege wählen oder zumindest eine Fahrkarte für den anderen Autobus lösen dürften, in dem wir fahren wollen. Der Gedanke, dass für die Fahrt auf dem Zahlweg ein anderer Preis bezahlt werden muss, als für die Fahrt auf dem Bildweg, ist zwar an sich ganz richtig, aber das allein erklärt uns noch nicht, was nötig ist, um von einer Welt in eine andere hinüberzuwechseln.

Das kommt daher, dass die Welt so aufgebaut ist, dass diese verschiedenen Flüsse in ihr möglich sind. Man kann den Übergang von einem Fluss in einen anderen nicht im Voraus mit solchen Handlungen vorbereiten, die die üblichen Ereignisse hervorbringen. Diese Tatsache lässt dem Risiko Raum und bietet der Welt Möglichkeiten, die sie dramatisch machen. Wäre alles von einfachen Gesetzen geregelt, so dass man für einen Dollar immer Dinge kaufen könnte, die auch einen Dollar wert sind, dann könnten wir viel dazu tun, um unser Leben zu bereichern, indem wir einfach mehr Geld ausgäben. So ist die Welt aber nun einmal nicht eingerichtet. Sie bietet Ungewöhnlicheres, Anregenderes als die bloße Anhäufung von Reichtümern oder Verdiensten oder anderen Besitztümern. Solche Dinge können ihre Rolle spielen, wenn es sich darum handelt, einen gewissen Zustand aufrechtzuerhalten oder einen gewissen Weg weiterzugehen. Aber mit dem Übergang von einem Fluss zu einem anderen haben sie nichts zu tun. Das gehört zu einer anderen Dimension der Welt.

Diskussion

Frage: Besteht Zufall nicht einfach aus einer komplizierten Verknüpfung von vorausbestimmten Dingen?
John G. Bennett: Zufall und Vorausbestimmung sind vereinbar – das ist ganz richtig. Der Wurf einer Münze ist tatsächlich festgelegt durch Muskelleistung, Luftwiderstand, durch mancherlei Zusammenhänge, die sich tatsächlich berechnen ließen. Es wäre durchaus möglich, mit Hilfe schnell arbeitender Computer im Voraus zu berechnen, ob beim Fallen der Münze die Zahl oben liegt. Aber von welchem Augenblick an müsste man da vorausberechnen? Wenn die Münze aus der Tasche gezogen wird? Wenn sie geworfen wird? Hier liegt eine praktische Schwierigkeit vor, da wir genau wissen müssen, was und wann wir zu messen haben. Folglich kann es in der Theorie vorausgesagt werden, aber in der Praxis bliebe es ungewiss. Zufälle – wie in Ouspenskys Beispiel vom Ziegel, der vom Dach fällt und jemanden, der gerade an einer Bushaltestelle wartet, auf den Kopf trifft – geschehen dauernd. Aber sie gleichen sich im Endeffekt aus, so dass als Ergebnis immer eine Durchschnittswelt herauskommt. Wenn das alles wäre, dann gäbe es auch kein Risiko. Risiko erscheint erst, wenn mit dem Vorgang selbst, untrennbar, auch Gewinn oder Verlust auf dem Spiel stehen. Man kann nur dann von Risiko sprechen, wenn eine Trennung der Potenzialitäten stattfindet, und das unterliegt anderen Gesetzen als jenen, die den Vorgang selbst zustande bringen.

In der großen Mehrzahl der Fälle, wenn etwas dieser Art geschieht, ändern sich die Linien natürlich, sie gehen wieder auf- oder abwärts, so dass alles am Ende wieder mehr oder weniger so ist, wie es vorher war. So entstehen Schleifen: Etwas eröffnet neue Möglichkeiten, wird aber dann meistens in das Durchschnittsgeschehen zurückgezogen. Nur wenn jemand fähig ist, am dramatischen Augenblick festzuhalten, kommt eine wirkliche Änderung zustande.

Nur dann, wenn ein Weg aufsteigt und der andere abfällt, entsteht eine bedeutsame Situation, eine Möglichkeit, an Potenzialität zu gewinnen oder zu verlieren. Äußerlich kann dies nicht nachgeprüft werden – das kann es nur durch die innere Erfahrung – und später dann natürlich durch Ergebnisse, die in der Außenwelt sichtbar werden. Wenn es aber so weit ist, werden nur sehr wenige gesehen haben, wie alles zustande kam. Menschen, die von dieser bedeutungsvollen Situation nicht berührt werden, werden auch während des kritischen Augenblicks so weiter existieren, als ob nichts geschehen sei. Es gibt aber tatsächlich verschiedene Welten, und es ist durchaus möglich, ein Leben voller Risiko und Drama zu führen. Unser Gefühl, dass das Leben Risiko und Drama mit sich bringt, ist keine Illusion. Es stimmt nicht, dass wir den Gedanken an ein Lebensdrama aufgeben und dieses durch das Bild einer sorgfältig geordneten und gesicherten Welt ersetzen müssen. Für mich wäre es der größte Schrecken, je die Aussicht auf eine solche gesicherte Welt zu haben. Doch diese Furcht ist unbegründet. Im Gegenteil – je mehr wir darüber lernen, wie die Welt eingerichtet ist, um so besser werden wir auch verstehen, dass die Unsicherheiten und die seltsamen Gefahren des Lebens ebenso ein integraler Bestandteil der Wirklichkeit der ganzen Welt sind, wie die allgemeinen Gesetze auch.

Die Ungewissheit der Tugend

Ich habe immer wieder erlebt, wie nah bestimmte Menschen daran waren, einen wunderbaren Schritt vorwärts zu machen, und diese Gelegenheit verpasst haben. In vielen Fällen waren sie davon überzeugt, bereit zu sein, jedes ›vernünftige‹ Opfer für ihre weitere Entwicklung zu bringen, und doch konnten sie nicht erkennen, dass die Anfordernisse nicht nur vernünftig, sondern offensichtlich notwendig für ihr eigenes Wohl waren.[38]

IM AUGENBLICK DER HERAUSFORDERUNG LIEGT EIN WIRKLCHES
Risiko. Wir können an Potenzial gewinnen oder verlieren. Gewinn und Verlust an Potenzial stehen jedoch unter anderen Gesetzen als der Gewinn und Verlust von etwas tatsächlich Vorhandenem. Wenn jemand fünf Dollar in der Tasche hat, dann kann er damit etwas kaufen. Das ist ein einfacher Tausch – weder Gewinn noch Verlust. Wenn er das Geld verliert oder ihm ein Geldschein ins Feuer fällt und verbrennt, ist das einfach ein Verlust, der keine neue Gelegenheit mit sich bringt. Wenn er aber mit dem Geld etwas macht, zum Beispiel Handel treibt, kann sich am Ende herausstellen, dass er nun statt fünf zehn Dollar hat – oder er hat vielleicht alles verloren. Das ist ein wirkliches Risiko. Wenn er Handel treibt, dann arbeitet er mit wirklichen Entwicklungsmöglichkeiten. Das ist eine echte Gelegenheit für den Risikofaktor.

Ohne Risiko gibt es keine Gelegenheiten. Wenn wir etwas tun, worin kein Risiko liegt, dann ist das Ergebnis vorausbestimmt und folglich keine Herausforderung mehr. Das mag selbstverständlich erscheinen; wir müssen jedoch im Auge behalten, dass wir uns in unserer Einstellung zum Leben der Selbsttäuschung hingeben, dass wir Gelegenheiten haben können, ohne das Risiko eines Misserfolges einzugehen.

Wir haben über Potenzialitäten gesprochen. Nun müssen wir einen Schritt weitergehen und über den Zusammenhang zwischen Hasard und Werten sprechen, davon, dass etwas »der Mühe wert ist«. Ein guter Anfang wären die menschlichen Werte, die wir alle anerkennen und denen wir alle beipflichten. Jedermann kann sehen, dass zum Beispiel Mut vom Risiko abhängt. Es gehört weiter kein Mut dazu, wenn man etwas tut, das Zerstörung mit sich

---

38. John G. Bennett: *Transformation*, Pittenhardt 1978.

bringt. Selbst das Gefährlichste kann nicht in unserem Sinne eine mutige Tat genannt werden, wenn es einfach auf Selbstvernichtung hinausläuft. Selbsttötung kann, unter gewissen Umständen, eine mutige Tat sein, aber nur, wenn sie mit Erwartung auf ein gewisses Ergebnis begangen wird – etwa die Befreiung von einer unerträglichen Existenz oder möglicherweise als Eintritt in eine andere Existenzform.

Wenn Hasard ein offensichtlicher Bestandteil einer Qualität wie Mut oder Ausdauer ist, in welcher Beziehung steht es zu den anderen Tugenden? Nehmen wir zum Beispiel Behutsamkeit (auch Achtsamkeit, Sanftmut, Güte oder Sorgfalt, je nach Fall). Gewiss betrachten wir Behutsamkeit als eine Tugend oder gute Eigenschaft des Menschen. Kann es aber Behutsamkeit ohne Risiko geben? Die Antwort mag uns überraschen. Es gibt eine Art körperlicher Achtsamkeit, wenn man es zum Beispiel mit zarten oder zerbrechlichen Dingen zu tun hat, Gelegenheiten, bei denen man sagt: »Geh' vorsichtig damit um.« Wir sagen das, weil es eben etwas Zerbrechliches ist, weil ein Risiko besteht, es tatsächlich zu zerbrechen. Hätte es sich um ein Stahlstange gehandelt, wäre keine Vorsicht nötig, außer vielleicht, sie könnte etwas anderes beschädigen oder einem auf den Fuss fallen.

Wenn wir also Wörter wie »Achtsamkeit« oder »Sorgfalt« in Bezug auf materielle Dinge gebrauchen, bedeutet das immer, dass ein Risiko vorhanden ist. Ist das Risiko ausgeschaltet, so hat das Wort »vorsichtig« keine Bedeutung mehr. Genauso steht es um unseren Umgang mit Menschen. Wir sagen: »Diese Person muss feinfühlig behandelt werden«, weil sie irgendeine psychologische Zerbrechlichkeit hat oder in einem Stresszustand steht; in anderen Worten: Es besteht ein gewisses Risiko. In normalen Fällen raten wir nicht zur Vorsicht. Kleine Kinder müssen feinfühlig und mit besonderer Behutsamkeit behandelt werden, weil eben ein kleines Kind ein zartes Wesen ist, dem wir keinen Schaden zufügen wollen. Wir können jedes Synonym des Wortes »Achtsamkeit«, wie Behutsamkeit, Vorsicht, Sorgfalt und so weiter, daraufhin untersuchen, ob es noch eine Bedeutung hat, wenn wir das Risikoelement aus der Situation ausschalten.

Sprechen wir nun über die Tugend der Ehrlichkeit. Zunächst und offensichtlich kann niemand sagen, dass ein Mensch ehrlich ist, zumindest nicht, bis der Mensch einer Versuchung ausgesetzt worden ist. Wenn jemand noch nie in einer Vertrauensstellung gewesen ist, dann kann er seine Ehrlichkeit nicht nachweisen und ist auch keiner Versuchung ausgesetzt, unehrlich zu handeln. Was also bedeutet es, dass man sich in einer Vertrauensstellung befindet? Wenn es sich darum handelt, ob wir ehrlich mit Gütern sind, so kann dies nur geschehen, wenn uns tatsächlich Güter anvertraut werden. Wenn wir mit wertvollen Gedanken und Ideen in Berührung kommen, können wir entweder aufrichtig mit ihnen umgehen oder sie verwässern. Wie kann man überhaupt in eine Vertrauensstellung kommen, wenn damit kein Risiko verbunden ist? Wenn mich jemand beispielsweise fragen würde: »Willst du auf den Himalaja aufpassen und zusehen, dass ihm nichts passiert«, dann kann ich weder ehrlich noch unehrlich handeln, denn der Himalaja kommt ohne mich aus. Wenn aber jemand sagt: »Willst du auf diesen Gegenstand aufpassen?« und ihn mir anvertraut, dann tut er das, weil mein Verhalten einen Einfluss auf das Schicksal dieses Gegenstands haben könnte. Es kann nur dann einen Einfluss haben, wenn ein Risiko besteht, dass dieses Objekt beschädigt werden oder verloren gehen könnte.

Das Gleiche gilt für Ideen, Menschen oder Grundsätze. Wenn es sich darum handelt, die Wahrheit, wie wir sie sehen, auszusprechen, so entstehen Risiken aller Art. Man könnte zuviel sagen oder zu wenig, etwas Falsches oder zur falschen Zeit. Man könnte die Wahrheit auch so ausdrücken, dass sie auf eine Sachlage einen günstigen und auf eine andere einen ungünstigen Einfluss hat. Die Wahrheit auszusprechen, so wie man sie sieht, kann einen Menschen in eine sehr riskante Lage bringen – und das ist uns allen gut bekannt. Und doch bedeutet es auch wieder nicht, dass es keine wirkliche Tugend wäre: Wir haben einen Trieb, die Wahrheit so auszudrücken, wie wir sie sehen. Das wird bedeutsam, gerade weil es so von Risiken umgeben ist. Wenn es nicht so etwas dieser Art an sich hätte, dann würden wir es nicht als Ehrlichkeit bezeichnen. Wenn Sie mich fragen: »Wieviel Uhr ist es?«, und ich gebe die Antwort: »Nach meiner Uhr ist es jetzt 8 Uhr 29«, dann würden Sie keinen Anlass haben zu bemerken: »Was für ein ehrlicher Mensch er doch ist!«

Diese Tugenden sind keine Abstraktionen, sondern Namen für gewisse Verhaltensweisen. Hier spielen keine Universalgrundsätze mit; es gibt einfach gewisse Verhaltensweisen, die in bestimmten Situationen in Erscheinung treten und beobachtet werden können.

Worauf es mir hier ankommt ist, dass Situationen, in denen diese Verhaltensweisen bedeutsam werden, immer etwas davon enthalten, was ich Risiko nenne. Güte, Wahrheitsliebe und Achtsamkeit können sich nur in wirklichen Situationen zeigen, und die Situationen, in denen sie auftreten, enthalten ein gewisses Risiko.

Kann Fleiß für eine Tugend in diesem Sinne gelten? Ein fleißiger Mensch sieht sich fortwährend vor kleine Entscheidungen gestellt, die eine Aufgabe oder das Ziel betreffen, das er sich vorgenommen hat. Dabei widersteht er allen Versuchungen, um seiner Bequemlichkeit willen vom gewählten Pfade abzuweichen. Es gibt viele Gründe, warum man von seinem Weg abweichen könnte, doch man kann sagen, dass der fleißige Mensch bei seiner selbst gewählten oder aufgetragenen Aufgabe beharrt und nicht den Versuchungen nachgibt, es leicht zu nehmen oder einen einfacheren Weg zu suchen.

Fleiß ist der Name für die Gesamthaltung, die ein solcher Mensch der Summe dieser kleinen, im Einzelnen ganz unbedeutenden Versuchungen entgegenbringt, die sich jedoch zu einem Problem anhäufen können, das für manche tatsächlich unüberwindlich ist. Manche werden abgelenkt und können nicht die ganze Zeit ihre beste Qualität in ihrer Arbeit aufrechterhalten. Obwohl jede einzelne Versuchung gering sein mag, alle zusammen könnten für manch einen zuviel werden. Der fleißige Mensch ist nun der, der all den kleinen Risiken, wie sie in der unmittelbar naheliegenden Situation auftreten, eine positive Haltung entgegenbringen kann. Wir mögen zwar symbolisch davon sprechen, dass das Menschenherz fleißig ist, weil es von Geburt an bis zum Tode ohne Pause schlägt, aber sobald wir so etwas sagen, fühlen wir schon selbst, dass es keine sehr glückliche Redewendung ist.

Diese Tugenden sind keine Abstraktionen. Sie sind Bezeichnungen für bestimmte Verhaltensweisen. Sicherlich sind keine universellen Grundsätze darin enthalten. Es gibt bestimmte Verhaltensweisen, die in bestimmten Situationen als solche erkannt werden können. Ich versuche nur herauszuarbeiten, dass die Situationen, in denen bestimmte Verhaltensweisen oder Tugenden von Bedeutung sind, immer auch Situationen sind, in denen der Risikofaktor eine Rolle spielt. Mut, Ehrlichkeit oder Fleiß entstehen unter bestimmten Umständen. Diese Umstände, in denen eine dieser Tugenden gefordert sind, sind immer gefährlich.

Shivapuri Baba[39] sagt, dass Religionen sich um die Probleme des Lebens kümmern, doch wir sollten das Leben selbst als ein Problem ansehen. Das ist ein anderer Aspekt. Die Welt, in der wir leben, stellt ein Problem dar, und mit diesem Problem wird man fertig, indem man es in die richtige Perspektive bringt und nicht, indem man nach Lösungen für die verschiedenen Teilprobleme sucht, die ab und zu auftauchen.

In vergangenen Zeiten neigten wir zu dem Gedanken, dass es etwas Wichtiges im Menschen gäbe, und darum sprechen wir davon, ein Mensch habe diese oder jene Tugend. Diese Haltung führte zu allen möglichen Missverständnissen. Die wirkliche Aufgabe ist es, das Leben zu meistern; das Leben, die Existenz selbst, ist das Problem.

Bevor wir das Thema der Tugenden, Werte und Qualitäten verlassen, wollen wir die drei klassischen Werte Schönheit, Güte und Wahrheitsliebe noch einmal näher betrachten.

Zunächst Schönheit. Schönheit hat gewisse Eigenschaften, Symmetrie, Harmonie und dergleichen, die ohne andere Elemente auszukommen scheinen. Ist es nun aber wirklich so? Reichen bloße Harmonie, Regelmäßigkeit, Gleichgewicht und so weiter aus, um Schönheit hervorzubringen? Es ist uns sicher klar, dass all dies nur eine formale Schönheit wäre, wie sie Tennyson in den Worten »eiskalte Regelmäßigkeit, schimmerndes Nichtssagen«[40] ablehnt, und dass es nicht dies ist, von dem wir uns alle angezogen fühlen. Was uns anzieht, ist eine vergängliche, lebendige Schönheit. Wäre es dann aber nicht möglich, diesen Weg bis ans Ende zu verfolgen und zu sagen, dass es ohne Risiko auch keine Schönheit, kein Erleben irgendwelcher Schönheit geben kann? Liegt nicht der Eindruck, den ein schöner Gegenstand auf uns macht, gerade in diesem Gefühl, dass er seine Vollkommenheit so leicht verlieren könnte? Etwas regelmäßiger, ein bisschen genauer, und man könnte es nicht ertragen; verlöre er jedoch etwas von seiner Symmetrie, seiner Harmonie, würde er irgendwie abstoßend wirken. Gerade weil Schönheit so messerscharf an der Grenze steht, weil sie so

---

39. Anmerkung des Übersetzers: Shivapuri Baba war ein indischer Heiliger in Nepal, den Bennett besucht hat. Dieser Besuch ist ausführlich beschrieben im Buch *Long Pilgrimage*, Wellingborough 1976. Deutsche Fassung: *Eine Lange Pilgerreise*, Südergellersen 1985.

40. *"Icily regular, splendidly null."*

leicht zerstört, so leicht verzerrt werden kann, übt sie einen so machtvollen Eindruck auf die Menschenseele aus. Wird sie eintönig, das heißt, ohne das Gefühl zu vermitteln, ihre Qualität könnte schwinden, verliert sie ihre Wirkung auf uns. Und selbst wenn die Schönheit der Kunst in formaler Vollendung über das hinausgeht, was wir in der Natur finden – wie etwa in manchen Werken klassischer griechischer Kunst – besteht nicht die Wirkung dieser Kunst am meisten in dem starken Gefühl, dass das Leben nicht so ist? Wohl lehrt man uns, es gäbe ein Ideal, das uns in klassischer Vollendung gezeigt wird; aber es bringt seine Wirkung dadurch hervor, dass es im Gegensatz zur vergänglichen Welt steht. Die klassische Periode griechischer Kunst erwuchs im Gegensatz zur Zerstörung, die die Perserkriege mit sich gebracht hatten, deren Risiken und Gefahren es nahelegten, dass man sich einem Ideal zuwandte. Natürlich geschah dies nur für eine kurze Zeit.

Das Vermögen der Schönheit, uns zu berühren, kann nicht von ihrer Risikoverbundenheit getrennt werden: die Rose, deren Purpurkleid am Abend verblüht ist, das Gedicht, an das wir uns nicht mehr genau erinnern können, die Statue, die wir in ungünstiger Beleuchtung sehen. Lieben wir doch das Parthenon mehr um der alten Patina oder des mangelnden Daches willen, wie es nun sein Herz der attischen Sonne öffnet, als wir je eine Reproduktion lieben könnten, selbst wenn sie dem Original in jeder Einzelheit gliche. Können wir uns überhaupt vorstellen, dass man Schönheit je empfinden könnte, wäre da nicht ein mögliches Verhängnis, das nur das Risiko mit sich bringt?

Wenden wir uns der Schönheit in der Literatur zu, so mögen wir zuweilen erstaunen und uns fragen, wie es kommen mag, dass die Macht der Literatur so sehr auf dem Ausdruck tiefer Leidenschaft, dem Pathos, beruht. Manche verurteilen das, als ob es ein krankhafter Zug des Menschen wäre, dass das Tragische, das Ungewöhnliche oder das Komische unser Gefühl so tief berühren können. Wir fragen uns, warum es denn notwendigerweise so sein sollte. Und auf diese Frage gibt es eine vollständige Antwort, die sowohl die komische als auch die tragische Muse umfasst, und diese Antwort ist, dass Komödie und Tragödie beide auf dem Risiko beruhen. Beide dieser verschiedenen Formen der Schönheit haben dieselbe Grundlage, sowohl objektiv als auch subjektiv, in unserer Lebenserfahrung – unserer Erfahrung eines Lebens, das voller Risiko ist.

Und gilt nicht dasselbe für die Güte? In einer vollkommenen Welt wäre für Güte kein Raum, auch nicht in einer mechanischen Welt, die in allem vorherbestimmt wäre. Wir können Güte durchaus als etwas Positives ansehen – nicht nur als die Abwesenheit des Bösen oder als das, was vom Bösen bekämpft wird, sondern als jene Eigenschaft, die es dem Willen ermöglicht, die Risiken des Daseins auf sich zu nehmen und sie umzuwandeln. In einem gewissen Sinne ist es gerade der gelassene Gleichmut, mit dem man Leiden oder Verlust erträgt. Es ist aber auch das Verhalten in Umständen, in denen Freude und Leiden sich gegenüberstehen, im Konflikt mit einer Versuchung. Tatsächlich geht Güte nicht aus dem Kampf mit dem Bösen hervor, sondern aus der Wirklichkeit einer Versuchung. Der springende Punkt ist, dass das, was so etwas wie Güte in dieser Welt möglich macht, die Versuchung ist. Um Güte möglich zu machen, bräuchte es nicht einmal das Böse in der Welt zu geben, Versuchung aber müsste sein. Was aber bedeutet Versuchung, wenn nicht der Wille – im Gegensatz zu Körper, Denken und so weiter – einem Zustand des Risikos ausgesetzt wäre. Hasard bedeutet eine Gelegenheit, etwas für sich selbst zu nehmen oder etwas herzugeben, auf seinem Recht zu bestehen oder sich selbst zu verleugnen. Versuchung, in all ihren Spielarten, ist eine Gelegenheit, die auch ein Risiko darstellt. Und vielleicht liegt die innerste Bedeutung, die das Risiko in unserem Leben hat, in dieser Gelegenheit.

Nun noch ein paar Worte über Wahrheit. Auf den ersten Blick scheint die Wahrheit gerade etwas zu sein, von dem das Risiko ausgeschaltet wurde. Wahrheit, so nehmen wir an, sei etwas Unabänderliches, Objektives und Absolutes. Sie muss nur entdeckt werden; und wenn sie einmal entdeckt worden ist, dann ist sie unvergänglich. Aber ist die Wahrheit denn wirklich auch nur annähernd so? Keineswegs – in Wirklichkeit bedeutet Wahrheit etwas ganz anderes. Wir gebrauchen Ausdrücke wie »Moment der Wahrheit« und sind uns dabei durchaus bewusst, dass wir damit nicht von etwas sprechen, was man gewinnen kann und das ein unveräußerlicher Besitz von einem wird, sondern nur von dem Erlebnis eines Augenblicks. Was für ein Augenblick ist das?

Man könnte annehmen, dass diese Redensart ein klares Beispiel ist. Der Ausdruck »Augenblick der Wahrheit« wird heute gebraucht, um den Moment zu bezeichnen, in dem sich das größte Risiko zeigt. Denken wir also an die Wahrheit erst einmal in ganz einfachen, alltäglichen Fällen. Wann ist Wahrheit wahr? Wann macht es einen Sinn, von Wahrheit zu sprechen? Sicher doch nur, wenn wir uns in einer ungewissen Lage befinden, in der es möglich ist, einen Schritt vorwärts zu tun und etwas zu verstehen, was wir bisher nicht verstanden hatten. Besonders im zwanzigsten Jahrhundert – und dies ist einer der großen Segen dieses Jahrhunderts, trotz all seiner Mängel in vielerlei Hinsicht – kamen wir zu der klaren Erkenntnis, dass es keine dauernden, unveränderlichen und absoluten Wahrheiten der Art gibt, wie sie als Irrlichter unsere Väter täuschten. Wir können jetzt sehen, dass das, was von einer Generation als gesichert und unabänderlich angesehen wurde, für die nächste Generation oder ein paar Generationen später, ganz anders aussieht.

Ich denke, heutzutage haben wir im Großen und Ganzen den Glauben abgelegt, dass es so etwas wie absolute Wahrheit gibt, ja dass es so etwas überhaupt auch nur möglicherweise geben könnte. Statt dessen sehen wir, dass Wahrheit ein Element in unserer Erfahrung darstellt, auf das es äußerst schwer ist einzugehen, gerade weil Wahrheit etwas sehr Zerbrechliches ist. Wenn man an irgendeiner Art wissenschaftlicher Untersuchung mitgearbeitet und versucht hat, die Lösung für ein Problem zu finden, das man klar formulieren konnte, dann weiß man, was es heißt, wenn man nach einem Schritt ins Dunkle einen kurzen Einblick gewonnen hat. Dabei ist das vielleicht stärkste Merkmal werdenden Verstehens, dass man ein starkes Gefühl der Unsicherheit hat. Man sieht es für einen Augenblick und hat es schon wieder verloren; man sieht es und versucht, es festzuhalten, es zu formulieren, es in etwas Dauerhaftes, Übertragbares zu fassen. Wir alle wissen, dass wir das Wesen dessen, nach dem wir suchen, tatsächlich verlieren, wenn wir es festzuhalten versuchen.

Wir mögen zeitweilig dazu gezwungen sein, uns auf diesen Kompromiss einzulassen. Wir müssen bereit sein, etwas sehr Wertvolles wieder loszulassen, um wenigstens etwas zu erlangen, was wir festhalten und mit anderen teilen können. Das gilt in gleichem Maße für Künstler, Moralisten, Wissenschaftler und Philosophen. Und ich glaube, dass es mit unserem Leben auch so ist. Wir streben verzweifelt danach, das Richtige zu tun; und das ist eigentlich eine Sehnsucht, ein Greifen nach der Wahrheit – und sie entrinnt uns. Je mehr wir versuchen, sie für uns in den Brennpunkt zu zwingen, umso ungreifbarer wird sie, und wir müssen uns mit einer Art Kompromiss begnügen. Dies ist zweifellos eine ganz gewöhnliche Erfahrung, die Ihnen allen bekannt sein wird.

Was aber in all dem nicht so leicht zu erkennen ist, ist die Tatsache, dass dies in der eigentlichen Natur der Dinge liegt. Die Ursache liegt nicht in unserer Schwäche, unserem Versagen, unserem Unvermögen, die Wirklichkeit zu fassen; tatsächlich ist es die Wirklichkeit selbst, die sich unserem Griff entzieht. Es gibt einfach keine feststehende, unabänderliche Wirklichkeit, an die wir uns klammern oder auf die wir zugehen können. Was es gibt, ist eine ungewisse, schwankende, veränderliche Welt, in der wir flüchtige Einblicke in eine mögliche Form, in eine mögliche Bedeutung erhaschen.

Wir sträuben uns anzuerkennen, dass es so sein muss, weil etwas in uns vor diesem letzten, höchsten Risiko des Lebens zurückschreckt. Wenn wir wirklich den Mut aufbringen, der Sache der Wahrheit ins Gesicht zu sehen und sie mit Entschlossenheit anzugehen, dann können wir auch sehen, wie es in ihrem Wesen selbst liegt, dass sie nicht festgehalten werden kann. Diese Tatsache stellt uns vor ein furchtbares Dilemma: Entweder müssen wir uns mit einer Halbwahrheit abfinden, um damit leben zu können, oder aber wir müssen auf alle Wahrheit verzichten und jede Hoffnung fahren lassen, einen Sinn im Leben zu finden. Wir haben einen inneren Trieb, nach etwas zu verlangen, das uns das Leben nicht geben kann, weil es nun einmal nicht so eingerichtet ist.

Dies ist jedoch keineswegs gleichbedeutend mit einer pessimistischen Weltanschauung. Ganz im Gegenteil. Wenn wir es annehmen und damit leben lernen, dann füllt sich das Leben und jeder Teil des Lebens mit Sinn und Bedeutung. Wir rauben dem Leben und unserer Erfahrung die Möglichkeit, uns die Wunder der Welt zu zeigen, weil wir versuchen, ihm ein Wahrheitssystem aufzuzwingen, das ihm fremd ist.

Nun wollen wir noch auf eine weitere Weise illustrieren, was für einen Platz Ungewissheit und Risiko in unserer Erfahrung einnehmen: Und das ist ihre Beziehung zur Intelligenz. Es gibt etwas, das wir als Intelligenz bezeichnen können. Dieser Aspekt ist sehr wichtig und zugleich keineswegs einfach zu erläutern. Die üblichen Definitionen von Intelligenz beschränken sich auf das Denken oder die Gehirntätigkeit. Deshalb verwundert es nicht, dass der Begriff auf intelligente Computerprogramme übertragen wird und man von der Entwicklung »künstlicher Intelligenz« spricht. Man geht davon aus, dass mit höherer Rechenleistung die Computer sogar noch »intelligenter« werden.[41]

Von was für einer Art von Intelligenz sprechen wir hier? Es ist sicherlich so, dass Computer heute viele Probleme lösen können, die der Mensch nicht lösen kann; und das nicht nur, weil er nicht genug Zeit hätte, die notwendigen Berechnungen anzustellen, sondern auch, weil er einfach unmöglich alle Daten im Gedächtnis behalten kann, die zur Lösung nötig wären. Diese Argumentation ist zweifellos richtig. Aus diesem Grunde neigt man zur Annahme, es sei bewiesen, dass eine intelligente Maschine auf dieselbe Art und Weise intelligent sei wie ein Mensch. Etwas in uns weiß aber, dass das keineswegs stimmt. Es ist jedoch nicht leicht, genau zu sagen, wieso die Fähigkeit, Probleme zu lösen und sehr komplizierte Aufgaben erfolgreich auszuführen, nicht eigentlich das ist, was wir unter Intelligenz verstehen.

Intelligenz ist eine geheimnisvolle Eigenschaft. Andere menschliche Fähigkeiten scheinen sich zu entwickeln, aber es muss schon etwas bedeuten, dass von »angeborener Intelligenz« gesprochen wird. Die kleinsten Kinder zeigen Intelligenz, und diese Intelligenz hängt nicht von ihrer Körperentwicklung ab, noch von der Entwicklung ihrer Wahrnehmung, ihrer Denkkraft, ihres Gedächtnisses oder ihrer Kenntnisse. Was ist diese Intelligenz dann? Wir setzen hier natürlich voraus, dass wir von etwas sprechen, von dem wir nicht einräumen wollen, dass es dasselbe sei wie die Findigkeit eines problemlösenden Computerprogramms oder eines wohl geschulten Verstandes – vielleicht wollen wir nicht einmal einräumen, dass es nur guter, angeborener, gesunder Menschenverstand ist.

Intelligenz baut auf der Vergangenheit auf, schaut auf die Zukunft und wirkt in der Gegenwart. Sie schaut über die Gegenwart hinaus, muss aber innerhalb der Gegenwart handeln. Eine große Intelligenz kann weite Bereiche in Raum und Zeit umfassen, auch in der unsichtbaren Welt, der Welt der Vorstellung und der Möglichkeiten. Wie aber kommt es nun, dass diese Fähigkeit in der Welt existiert? Eine Intelligenz ist eine unabhängige Macht in der Welt. Wäre sie nur eine Art der Wahrnehmung, ohne die

---

41. Anmerkung des Übersetzers: Zum besseren Verständnis wurden gewisse Formulierungen in diesem Abschnitt den heute gebräuchlichen Begriffen angepasst.

Fähigkeit zu handeln, so glaube ich nicht, dass wir den Namen
»Intelligenz« dafür gebrauchen würden.

Wie aber kann es unabhängige Intelligenzen in einer Welt
geben, die von Gesetzen regiert wird? Wo gäbe es Raum für eine
unabhängige Intelligenz, damit sie überhaupt wirken kann? Offensichtlich gäbe es keinen Raum für sie, falls diese Welt wirklich in
allem vorausbestimmt wäre und von Gesetzen regiert, die keine
Möglichkeit zur Wahl oder Auswahl ließen. Reicht es nicht, dass
die Welt unbestimmt und ungewiss sein muss? Können wir uns
eine Intelligenz vorstellen, die in einer Welt wirkt, die einfach teilweise vorherbestimmt, zum anderen Teil jedoch nicht genau festgelegt ist, so wie die Menschen es von der materiellen Welt annehmen und wie es auch für manche Zwecke praktischerweise so dargestellt werden kann? Man muss es selbst durchdenken und erkennen. Ich möchte Ihnen den Gedanken nahelegen, dass es in einer
Welt ohne Risiko auch keinen Platz für Intelligenz gäbe und
Intelligenz tatsächlich die Fähigkeit hat, mit Hasard zurechtzukommen. Wie ich es verstehe, gilt diese Definition sowohl für die
kleinen Entscheidungen der Intelligenz als auch für die sehr
großen, gewaltigen Entscheidungen, wie etwa das Auftreten und
die Evolution des Lebens auf dieser Erde.

Schöpferkraft geht über bloße Tugend hinaus. Man betrachtet
sie nicht als etwas Moralisches, als einen Wert. Ich glaube, sie ist
jedoch eine sehr wirkliche Eigenschaft, die mit der Intelligenz eng
verbunden ist. Alle Intelligenz hat etwas Schöpferisches an sich.
Kann man aber den Menschen wirklich als schöpferisch ansehen?
Das ist eine der wichtigsten und schwierigsten Fragen, die wir
überhaupt stellen können. Sollten wir das verneinen, vertreten
wir sicher die Ansicht, dass der Mensch nur bestehende Dinge
verändern oder gestalten kann. In diesem Falle gleicht die offensichtliche Kreativität des Menschen einfach einem Datenverarbeitungsprogramm, das viele mögliche Verbindungen vergleicht
und aufgrund vorhandener Daten neue Kombinationen aufzeigt,
die für eine entsprechende Situation auch möglich sind.

Nehmen wir einmal an, wir müssten aus tausend Millionen
möglicher Kombinationen einer bestimmten Anzahl von Elementen die eine finden, die sich zur Lösung eines gegebenen Problems
eignet. Auf diese eine zu stoßen, könnte wie ein schöpferischer
Schritt aussehen, weil er ganz neue Aussichten eröffnet. Heutzutage ist diese Auswahl aus einer Kombination von tausend Millio-

nen keine ehrfurchterregende Sache mehr – für einen Computer ist es ein Kinderspiel, vorausgesetzt, man hat ihn richtig programmiert. Das bedeutet, dass man heute den Ausdruck »Kreativität« oder »Erfindungsgabe«[42] viel schärfer untersuchen muss als früher, weil man jetzt sehen kann, dass die Auswahl eines passenden Faktors aus einer Riesenzahl schon bestehender Kombinationen ein Prozess ist, der mit Computern ausgeführt werden kann und keinesfalls kreativ ist. Es ist durchaus denkbar, dass wir einen solchen Auswahlmechanismus auch in unserem Gehirn haben. Tatsächlich funktioniert das Gehirn auf diese Weise – zumindest auf einer Ebene. Nun stehen wir vor der Frage: »Gibt es eigentlich noch eine andere Art der Kreativität?«

Es ist sehr wahrscheinlich, dass wir etwas, das in unserer Vorstellungskraft liegt, schließlich auch nachbilden können; und falls es so etwas wie wirkliche Kreativität gibt, muss sie ein Prozess sein, den wir nicht begreifen können. Wenn wir solche Fragen stellen, sind das sehr essentielle Überlegungen, weil sie eng mit der Wirklichkeit der menschlichen Freiheit verbunden sind. Es gibt bestimmte Schlüsselfragen wie: »Was ist der Mensch?«, »Welche Rolle spielt die Existenz des Menschen?« Dabei nähern wir uns der Antwort auf die Grundfrage, die im Mittelpunkt aller Fragen steht: »Was ist Leben, welche Bedeutung hat das ganze Dasein?«

Ich glaube, dass die Entwicklung menschlicher Erfahrung, besonders im Laufe des zwanzigsten Jahrhunderts, es möglich machte, manche Fragen zu stellen, die man früher nicht stellen konnte. Es bedeutet zwar nicht, dass es eine Antwort darauf gibt, aber dass sie überhaupt gefragt werden können, ist sehr wichtig.

Wenn ich hier über die Erkenntnisse spreche, die ich nach vielen Jahren des Nachdenkens und der Einsicht in diese Dinge gewonnen habe, so sind sie doch nur das, was *ich* Ihnen mitteile. Falls Sie einfach nur glauben, was ich hier sage, dann handeln Sie nicht besonders intelligent! Falls Sie nicht glauben, dass man über diese Dinge nachdenken muss, dann bedeutet das, dass Sie nicht meiner Meinung sind, dass es sich hier um sehr wichtige Dinge handelt. Stimmen Sie mir jedoch zu, dass es wichtige Fragen sind, die an den Kern unseres Daseins rühren und an die Grundprobleme des Lebens, dann müssen Sie auch selbst darüber nachdenken.

---

42. Anmerkung des Übersetzers: Auch der heutzutage sehr häufige Begriff »Innovation«.

Diskussion

Frage: Mir scheint es, als könnte es nie eine Situation geben, in der Vertrauen verlässlich wäre; sicher können wir nie sein. Im Gegenteil, je mehr wir glauben, dass wir uns auf etwas verlassen können, und gemäß diesem Glauben handeln, um so mehr Schaden richten wir an.

John G. Bennett: Ja, das ist ganz richtig. Wenn man es auf diese Weise betrachtet, dann ist klar, dass die Qualität der Handlung Einfluss auf den Risikograd hat. Wenn man in einer offenbar unsicheren Lage aufrichtig ist, dann sind der mögliche Grad der Unsicherheit und auch das Risiko, das man auf sich nimmt, geringer. Entweder man ist töricht oder man rechnet damit oder kann gar voraussehen, dass das Vertrauen missbraucht wird. Eine tiefere Bedeutung haben alle Beispiele, die man in Dramen, in der Literatur und im wirklichen Leben finden kann, wo Aufrichtigkeit eine tiefere Qualität gewinnt, da das Vertrauen immer nur in menschlichen Beziehungen gebrochen wird. Es ist in diesem Falle etwa Unerwartetes, das man vorher nicht in dem betreffenden Menschen gesehen hat. Ich glaube, dass hier ein Zusammenhang besteht. Ich bin jedoch nicht sicher, dass dies die einzige Weise ist, in der man Vertrauen betrachten kann; es gibt noch etwas, das von der Reaktion ganz unabhängig ist. Betrachten wir einmal Aufrichtigkeit mit sich selbst. Aufrichtigkeit sich selbst gegenüber ist doch die wichtigste Art der Aufrichtigkeit. Wenn man mit sich selbst aufrichtig ist, gibt es da ein Risiko? Das ist eine wirklich interessante psychologische Frage. Welche Antwort würden Sie geben?

Antwort: Ich glaube, dass das Risiko hier am größten ist, denn mit sich selbst aufrichtig zu sein, bedeutet ja doch, dass man bereit sein muss, jenen inneren Charakterzügen frei ins Auge zu schauen, die man gerne vor sich selbst verbirgt. Man kann sie vorher nicht kennen, und wenn sie wirklich aufgedeckt werden, können sie viel in einem zerstören.

J.G.B.: Das glaube ich auch. Und es gibt noch eine andere Art Risiko, wenn man versucht, tiefer in einen Zustand der Aufrichtigkeit mit sich selbst einzudringen: dass man sich zuviel mit sich selbst beschäftigt. Man kann Menschen beobachten, die sozusagen dauernd hinter sich selbst herjagen, in einer Art introvertierter Suche nach ihrer eigenen Wirklichkeit, die den beabsichtigten Zweck völlig verfehlt. Wie immer wir nun die Aufrichtigkeit betrachten – ob es sich um Aufrichtigkeit zwischen zwei Menschen handelt, wobei es passieren kann, dass einer den anderen ausnutzt, ob es sich um Aufrichtigkeit fremden Menschen gegenüber handelt, indem eine Person ihre eigene Lebensauffassung offenlegt, oder ob es sich um innere Aufrichtigkeit handelt –, ich glaube, es ist durchaus richtig zu sagen, dass immer die Gefahr besteht, dass ein anders als das erwartete Ergebnis eintritt.

Frage: Als ich darüber nachdachte, konnte ich nicht begreifen, wie man sagen kann, dass ein Mensch eine gewisse Tugend hat – so wie Sie auch sagten, dass man zum Beispiel nicht entscheiden könne, ob ein Mensch ehrlich ist, solange er nicht in Versuchung gerät. Und es scheint mir, dass für jede andere Tugend das Gleiche gilt. Ob ein Mensch freigebig, barmherzig oder etwas Ähnliches ist, kann man nie wirklich feststellen, bis diese Eigenschaft einer Prüfung unterzogen wird. Ich fragte mich weiterhin, was wir wohl damit meinen, wenn wir jemanden als freigebig oder ehrlich einschätzen. Dass er freigebig oder ehrlich *handelt*, das kann ich verstehen. Und je stärker diese Eigenschaften sind, um so größer ist das Risiko; es scheint mir jedoch eine sehr fragliche Sache, eine Person so einzustufen, bevor man näher über ihre Situation Bescheid weiß.

J.G.B.: Wir können nur das wissen, was sich nach außen hin zeigt. Dies ist ein allgemeingültiger Grundsatz, ob wir nun Hasard näher studieren oder irgendetwas anderes. Was sich nicht offenbart, ist schon vom Begriff her unbekannt oder unerkennbar. Wenn man sagt, man kann nicht wissen, ob jemand tugendhaft ist, es sei denn, es wird durch seine Handlungsweise sichtbar, bedeutet das einfach, dass man nicht das sehen kann, was sich nicht zeigt. Worauf ich hinaus will ist, ob man Manifestationen von Eigenschaften, die wir als tugendhaft, schätzenswert oder bewundernswert bezeichnen, nur in Situationen antreffen kann, wo das Risiko mit im Spiel ist. Wir können Manifestationen sehen, die solche Eigenschaften nicht haben – die sind aber auch uninteressant. Könnte es sein, dass, wenn wir das Risikoelement in einer Situation nicht erkennen, diese Qualitäten sich nicht manifestieren? Ich denke, das ist keineswegs offensichtlich; doch das ist nicht die Frage, die ich aufwarf.

Frage: Ich habe über Unparteilichkeit nachgedacht. Ehrlichkeit sieht tugendhaft aus, wenn wir zum Beispiel sehen können, dass jemand frei von Eigennutz ist. Ich finde es aber schwer zu sehen, wie man das wohl erkennen könnte. Mir scheint es, dass man eine Tugend nicht als solche bezeichnen kann, wenn sie nicht frei von Eigennutz ist.

J.G.B.: Tugend mag schon darin liegen, dass der Eigennutz auch nur zum Teil beiseite gelegt wird. Was für den einen, der nicht weiter an Besitztümer gebunden ist und sie leicht hergibt, kein besonderer Akt der Freigebigkeit ist, mag für jemand anderen, der stark an materiellen Besitz gebunden ist, schon eine sehr freigebige Handlung sein, auch wenn er nur sehr wenig gibt und selbst dies in der Hoffnung, irgendeinen Vorteil dafür einzutauschen. Es handelt sich also nicht so sehr um Freiheit, sondern eher um Befreiung vom Eigennutz. Schließlich könnte jemand, der ganz gefühllos ist, auch frei von Eigennutz sein. Ich habe bereits von Computern gesprochen. Es könnte sehr wohl sein, dass gewisse Maschinen keinerlei Eigennutz in sich haben. Aber je intelligenter und bewusster ein Mensch ist, um so mehr wird Eigennutz von Belang sein, wenn wir seinen Charakter einschätzen. Das ist auch der Grund, warum wir sagen, dass Egoismus, Eigennutz und so weiter charakteristische menschliche Eigenschaften oder Fehler sind, die bei Tieren, Steinen, Schreibmaschinen und so weiter nicht vorkommen. Dies ist die eine Seite. Eigennutz ist eines der Dinge, die eine Hasard-Situation in uns hervorbringen, denn ein Mensch sollte sich selbst und seinem Eigennutz gegenüber auch nicht völlig gleichgültig sein – das wäre auch nicht normal. Sobald man dem Konflikt zwischen Eigennutz und Selbstverleugnung gegenübersteht, tritt dieses Problem auf und deshalb kommt Hasard ins Spiel.

Gelegenheit und Abenteuer

Unser gewöhnliches »Verstehen« sieht Risiko als etwas an, das man durch Vorsicht und Achtsamkeit vermeiden kann. Tatsächlich kann es nur überwunden werden, wenn man mehr Risiken auf sich nimmt. Hilfe führt selten dazu, die Dinge leichter zu machen, sondern erschafft anscheinend eher unnötige und sogar absurde Schwierigkeiten. (...) Nur das Zusammenwirken von gegensätzlichen Prozessen kann den Teufelskreis durchbrechen, das zu wiederholen, was längst keinem Zweck mehr dient. Auf der vierten Stufe ist alles neu und unerprobt, und die »Erschaffung von Bedingungen« ist eine besondere Kunst, die niemand ohne Einfluss einer sehr hohen Energie meistern kann.[43]

ICH WILL JETZT DEN MOMENT DES ÜBERGANGS VON EINER
Welt in eine andere genauer untersuchen. Wie ist es möglich, sich diesem Vorgang auszusetzen, und was ist es, das unser Leben interessanter werden lässt? Es ist keineswegs etwas vollkommen Geheimnisvolles.

Wie unterscheidet sich eine absichtsvolle Handlung von einem routinemäßig vorausgeplanten Handlungszyklus? Eine absichtsvolle Handlung beruht auf drei Bedingungen: Es muss eine Gelegenheit geben, die Gelegenheit muss erkannt und die Gelegenheit muss erfasst werden. Wenn wir den Bereich unseres Lebens untersuchen möchten, in dem absichtsvolle Handlungen möglich sind und – wenn Sie wollen – Abenteuer, dann müssen wir auch erkennen können, wie eine Gelegenheit zustande kommt. Eine Gelegenheit ist wie eine Wegkreuzung. Wenn sie das nicht ist, dann ist sie keine Gelegenheit. Wenn ich an einem gewissen Punkt ankomme und es gibt dort nicht mehrere Abzweigungen, bleibt keine Wahl, also auch keine Gelegenheit. Ich kann mich für eine Richtung entscheiden, ich kann mir vormachen, ich hätte mich selbst entschieden, oder es wird mir eine Entscheidung angeboten. Auf jeden Fall muss die Gelegenheit für eine Wahl da sein. Und bevor wir es als eine Gelegenheit oder Möglichkeit bezeichnen können, muss es auch unmöglich sein, mit irgendeinem Grad der Gewissheit vorauszusehen, welches Ergebnis dabei herauskommt, wenn wir den einen oder anderen Weg einschlagen.

43. TDU.

GELEGENHEIT UND ABENTEUER

Wenn es klar ist, dass eine Entscheidung Gewinn und eine andere Verlust bringt, dann ist es auch keine Gelegenheit, denn dann würde man selbstverständlich den Weg zum Gewinn wählen. Es genügt daher zu sagen, ohne auf weitere Einzelheiten einzugehen, dass das Besondere, das dem Menschenleben den Charakter einer absichtsvollen Handlung, eines Unternehmens, eines Abenteuers und auch eines Zwecks gibt, nur in der Wahlmöglichkeit zwischen unterschiedlichen Richtungen liegt, weil erst dann das Element der Ungewissheit ins Spiel kommen kann.

Wenn wir etwas unternehmen, egal ob etwas Großes oder etwas Kleines, können wir verschiedene Einstellungen dazu haben. Da sind zunächst zwei ganz offensichtliche: Optimismus und Pessimismus. Der eine ist sich sicher, dass das Vorhaben günstig ausgehen und die Sache den Erfolg bringen wird, den er sich davon erwartet. Ein anderer sieht es genau umgekehrt: Er ist sich von vornherein sicher, dass das Unbekannte, das Unvorhersehbare, alles umstoßen wird, und er stuft seine Chancen als sehr gering ein. Es gibt eine dritte Einstellung, die man Realismus nennen kann: Der realistische Mensch lässt sich nur von nachprüfbaren Tatsachen leiten. Er untersucht die Umstände so sorgfältig wie er kann, entwirft, was er einen »vernünftigen« Plan nennt, und denkt, er packe die Sache in einer realistischen Weise an. Die vierte Einstellung ist die des Opportunisten: Das ist eine Person, die auf gut Glück an das Unterfangen geht und weder Gutes noch Schlechtes erwartet. Sie ist sich sicher, dass sie es mit den Schwierigkeiten aufnehmen kann, die vielleicht auftreten, und dass sie in der Lage ist, glückliche Zufälle zu nutzen, wenn sie kommen.

Alle diese vier Einstellungen – Optimismus, Pessimismus, Realismus und Opportunismus – führen, wenn sie übertrieben werden, ins Absurde. Der Optimist, der nie daran zweifelt, dass alles gut ablaufen wird, findet seine Erwartungen immer wieder enttäuscht und wendet sich danach gleich etwas Neuem zu, mit derselben Aussicht auf Erfolg oder Misserfolg wie vorher. Der Pessimist verdirbt sich seine Chancen immer wieder, weil ihn seine Angst vor Misserfolg innerlich blockiert. Der Realist ist auch nicht besser dran, denn er meint, er könne die Lage im Voraus genau berechnen, in die ja doch immer ein Element hineinspielt, das unberechenbar bleibt und nicht quantitativ ausgedrückt werden kann. Wenn wir betrachten, was die Menschen erreicht haben, die sich einer realistischen Einstellung rühmen, so können wir sehen, dass ihre Resultate nicht besser sind als die der anderen. Sie haben ebenso oft Pech – weil etwas passiert, was sie nicht vorausgesehen haben – wie derjenige, der überhaupt nicht vorausplant. Dem Opportunisten, der auf gut Glück auszieht, gelingen die Dinge manchmal wunderbar – aber natürlich stößt er noch öfter auf etwas, mit dem er nicht fertig werden kann. Der springende Punkt in allen vier Fällen ist, dass ein Element hineinspielt, das nicht in Betracht gezogen wurde. Man kann es beinahe als eine Regel ansehen, dass es nie so gut ausgeht, wie der Optimist erhofft, aber auch nie so schlecht, wie es der Pessimist befürchtet, nie genauso wie es der Realist vorausberechnet, und der Opportunist kann gewiss sein, dass er sich mehr als einmal die Finger verbrennen wird.

Diese vier Charaktertypen können in einem Diagramm dargestellt werden:

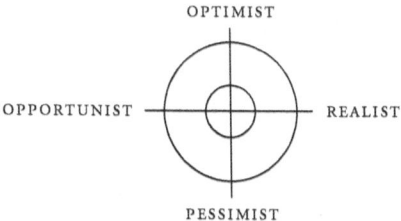

Wenn Sie versuchen, sich in den Punkt in der Mitte zu stellen, erkennen Sie, dass es möglicherweise eine weitere Haltung geben könnte, die alle vier Einstellungen in Betracht zieht, selbst aber unendlich mehr Übersicht hat. Was wirklich geschieht, ist nicht das, was irgendeine der anderen vier Einstellungen erwartet.

Es gibt eine besondere Einschätzung einer Situation, die es einem Menschen ermöglicht, zu diesem Punkt in der Mitte des Kreuzes zu gelangen, an dem wirklich etwas Bedeutungsvolles geschieht. Dieser Mensch erreicht etwas, weil er weder zu waghalsig noch zu zaghaft ist. Dieses besondere Urteilsvermögen ist von größter Bedeutung. Ich bin sicher, dass wir uns alle fragen, wie es denn kommt, dass Menschen, die zu sehr in eine dieser vier Richtungen verrannt sind, keinen Erfolg haben, während Menschen, bei denen keine der vier herausragenden Züge besonders stark ausgeprägt sind, mit ihren Handlungen dennoch stärker und einflussreicher im Leben sind.

Dies bringt uns zum Zusammenhang zwischen Risiko und Urteilsvermögen und zwischen Urteilsvermögen und Gelegenheit. Wenn wir meinen, Urteilsvermögen bestehe in der richtigen Einschätzung des Risikos, sind wir auf dem Holzweg, denn so ist es nicht. Könnte Risiko im Voraus berechnet werden, wäre es kein Risiko mehr. Risiko hat noch andere Züge an sich. Diese machen es so überaus schwer für uns, es mit unserem Verstand zu erfassen, und für mich, es in Worten auszudrücken. Wir sprechen zum Beispiel davon, dass Menschen ein kalkuliertes Risiko eingehen. Wörtlich würde das bedeuten, dass sie das wahrscheinliche Ergebnis einer Handlung berechnet haben, das heißt: Sie haben eine statistische Kalkulation gemacht. In einer berechenbaren Situation kann man aber nicht mehr von einer besonderen Gelegenheit sprechen. Versicherungsgesellschaften, die versicherungsmathematische Kalkulationen über die Wahrscheinlichkeit verschiedener Arten häufig auftretender Ereignisse anstellen, wie etwa Unfälle, Todesfälle und so weiter, gehen keinerlei Risiken ein – sie arbeiten einfach in einem statistischen Bereich. Manchmal gibt es jedoch eine Situation, in der echtes Urteilsvermögen erforderlich ist, damit man zu einer Art von Entscheidung kommen kann, die eine Entscheidung angesichts einer Gelegenheit ist. Das kann sogar in einem Bereich des Versicherungswesens geschehen, wenn zum Beispiel Entscheidungen getroffen werden müssen, bei denen außer dem berechenbaren Risiko noch andere Faktoren im Spiel sind. In diesem Falle ist eine Wahl möglich, und sobald aufgrund einer Einschätzung verschiedener Faktoren eine Entscheidung getroffen wird, handelt es sich um eine wirkliche Gelegenheit – denn das Ergebnis ist ungewiss.

Diese Erkenntnis lässt sich nicht nur auf geschäftliche, finanzielle und materielle Situationen anwenden, sondern auch auf unser allgemeines Leben. Meistens weiß man nicht, wie man diese Art Prinzip anwenden kann. Wenn wir Menschen betrachten, die ungewöhnlichen Erfolg haben, und beobachten, dass ihr Erfolg stets daher stammt, dass sie ihr Urteilsvermögen in Risikosituationen anwenden, denken wir möglicherweise: »Leider bin ich kein Mensch mit diesen Fähigkeiten. Wie kann ich diese Fähigkeit erwerben?« Es gibt indes keinen Grund anzunehmen, dass die Fähigkeit, die es ermöglicht, sich in eine Lage echter Gelegenheit zu versetzen, nur wenigen, ungewöhnlichen Menschen vorbehalten ist.

GELEGENHEIT UND ABENTEUER

Wir haben immer Zugang zu einer besonderen Art der Aufmerksamkeit, einer besonderen Art der Beobachtung, die auf die Vorkommnisse des Alltagslebens angewandt werden kann und die es ermöglicht, die Qualität unserer Lebenserfahrung zu vertiefen. Die Gelegenheit beim Schopfe zu packen, wird wiederum nur dem großen Menschen zugeschrieben, der weithin sichtbare Erfolge aufweist. Wir können eine besondere Gelegenheit aber genauso in den kleinen Wechselfällen des Alltagslebens ergreifen. Ich halte hier keinen Vortrag über Psychologie, sonst müsste ich die besondere Funktion oder Fähigkeit im Menschen sowie die Bewusstseinsebene beschreiben, auf der diese Art der Beurteilung einer Situation möglich ist. Die Fähigkeit dazu ist in allen Menschen vorhanden, die meisten haben sie jedoch aus verschiedenen Gründen einschlafen lassen. Entweder wurde sie ihnen im Laufe der Kindheit »ausgetrieben« oder aber sie haben Angst vor ihr bekommen und nutzen sie nicht mehr. Möglicherweise war die Fähigkeit in ihnen nur schwach entwickelt und es kam ihnen nie in den Sinn, ihr zu trauen. Erziehung oder die Angewöhnung bestimmter Verhaltensweisen ist eine der wirklich gefährlichen Erscheinungsformen unseres Zeitalters.

Stellen wir einmal die ganz einfache Frage: »Was bedeutet es, Gelegenheiten wahrzunehmen?« Eine Gelegenheit wahrzunehmen, stellt einen Akt der Beurteilung dar. Urteilsvermögen hat damit zu tun, wie stark wir fähig sind, uns dem Punkt des größten Risikos anzunähern. Im Zentrum unseres Diagramms ist die Gelegenheit unbegrenzt, nach oben offen – ihr Potenzial ist endlos. Innerhalb des kleinen Kreises finden wir diejenigen mit einer heroischen Fähigkeit, Gelegenheiten richtig einzuschätzen und sie zu ergreifen. Solche Menschen gibt es, und die Welt braucht sie. Innerhalb des größeren des Kreises liegt die Fülle des Lebens, die dadurch erschaffen wird, dass wir bedeutungsvolle Gelegenheiten ergreifen, sie erkennen und unsere Urteilskraft gebrauchen. Wir sollten uns wünschen, in diesen Kreis eindringen zu können, denn solange wir das nicht erreicht haben, befinden wir uns in einem Bereich, in dem das Mechanische, das Routinemäßige überwiegt. Auch hier mag es wohl zielbewusste, zweckmäßige Tätigkeiten geben, aber diese unterscheiden sich kaum von den zielgerichteten Aktivitäten, die man auch bei Tieren oder sogar Maschinen beobachten kann. Nun habe ich gesagt, dass jeder etwas besitzt, das ihm ermöglicht, in diesen Kreis hineinzugelangen und Gelegenheiten zu erkennen und zu nutzen. Was aber bedeutet es, in den Kreis einzutreten? Es bedeutet, dass man bereit ist, dem Risikofaktor ins Auge zu sehen und ihm nicht auszuweichen. Die vier Charaktere am Rande des Geschehens versuchen, das Risiko auf die eine oder andere Weise abzuwenden, indem sie es unterschätzen, überschätzen oder es zu berechnen oder zu vernachlässigen trachten. Sie gehen nicht wirklich auf das Wagnis ein.

Diese Betrachtungsweise menschlicher Unternehmungen kann uns darauf aufmerksam machen, dass es für unser Leben wirklich wichtig ist, sich nicht von einer dieser vier extremen, scheinbar ungefährlichen Haltungen anziehen zu lassen. Auf das Beste zu hoffen und sich auf das Schlimmste gefasst zu machen, bedeuten tatsächlich nichts anderes, als auf Nummer Sicher zu gehen. Ein wirklich kühner, wagemutiger Mensch tut das nicht. Er unterscheidet sich auch völlig vom unbekümmerten Opportunisten. Wenn man den Unterschied zwischen diesen beiden klar sehen kann – zwischen dem, der abenteuerliche Gefahren auf sich nimmt und dabei überhaupt keine Ahnung hat, worauf er sich einlässt, und dem anderen, der verantwortungsbewusst handelt –, dann beginnt man zu sehen, dass dieses Hasard-Bewusstsein, diese Fähigkeit, ein erkanntes Risiko auf sich zu nehmen, etwas völlig anderes ist, als sich aufs Glück zu verlassen, aufs Beste zu hoffen oder irgendeine andere dieser vier Haltungen einzunehmen.

Bisher habe ich diese Ideen fast ausschließlich von der Seite praktischer Tätigkeit her betrachtet. Ich will nun das Gleichgewicht wieder herstellen und mich der künstlerischen Tätigkeit und dem ästhetischen Urteil zuwenden. Was ist ästhetisches Urteilsvermögen? Man könnte möglicherweise ein ähnliches Diagramm zeichnen und Begriffe wie »Zuneigung«, »Abneigung«, »Bildung« und »Gefühlsregungen« an die vier Eckpunkte setzen. Manche Menschen reagieren auf Schönheit und ästhetische Erlebnisse mit Bemerkungen wie: »Ich mag etwas gerne«, »Ich kann etwas nicht leiden.« Andere reagieren mit ihrer Bildung und angelernten Kriterien, wieder andere reagieren triebhaft, ohne Sinn und Verstand. Aber keines davon ist ästhetisches Urteilsvermögen, der Sinn für die Stimmigkeit eines künstlerischen Werkes. Es ist durchaus wichtig für einen Menschen, guten Geschmack zu haben. Mit diesem Begriff meine ich jedoch nicht einen vorübergehenden, durch Mode oder Zeitgeist geprägten Geschmack. Die

Wahrnehmung der Qualität eines Kunstwerkes ist keineswegs nur für Künstler oder Kunstexperten bedeutsam.

Dieser Aspekt gehört zwar nicht direkt zum Thema unserer Vortragsreihe, dennoch möchte ich betonen, dass es sehr wichtig für uns alle ist, ästhetisches Urteilsvermögen zu entwickeln und erkennen zu lernen, was bedeutsam oder schön ist und das Potenzial der Bewusstseinserweiterung in sich hat. Es würde ausreichen zu sagen, dass dies für einen Teil des Menschen eine sehr notwendige Nahrung ist und dieser Teil ohne solche geistige Nahrung verhungern würde. Oberflächliche, äußerliche Reaktionen auf ästhetische Erfahrungen, auf Schönheit und Genuss zerstören die Qualität, die eine derartige Erfahrung enthalten sollte. Was wirklich erforderlich ist, ist dieses feinere Urteilsvermögen, das wir Geschmack nennen. Doch Geschmack ist gerade das Ungreifbarste; er lässt sich nicht vermitteln. Wenn wir versuchen, Geschmack von anderen zu lernen, dann wird er einfach zu einem der vielen gesellschaftlichen Einflüsse. Wenn wir versuchen »guten Geschmack« zu lernen, indem wir etwas tun, das sich beinahe selbst widerspricht, nämlich unseren gefühlsmäßigen oder verstandesmäßigen Reaktionen einfach freien Lauf lassen, bringt uns das auch nicht weiter.

Diese Urteilskraft, um die es sich hier handelt, ist wiederum von einer ganz besonderen Art. Wenn man wirklich in den Mittelpunkt des Kreises gelangen könnte und die volle Kraft der Schönheit in der Welt erfahren würde, dann würde man davon vernichtet werden – niemand ist stark genug, diese Erfahrung auszuhalten. Vielleicht ist es möglich, dass man eine so hohe Stufe der Entwicklung erreicht, dass man bereit wäre, sich von ihr vernichten zu lassen, um durch diesen Tod in eine ganz andere Welt, eine ganz andere Wirklichkeit einzugehen. Aber so wie wir nun einmal sind, können wir nicht danach trachten, noch können wir in den inneren Kreis der wahrhaft schöpferischen Künstler gelangen, deren Wahrnehmungsvermögen für eine andere, nicht greifbare Welt sich in ihren Werken mitteilen kann. Aber wir sollten dennoch die Fähigkeit erwerben, in jenen Kreis zu gelangen, in dem es einen echten Sinn für Kunst gibt.

Es war mir wichtig, Ihnen diese Gedanken nahe zu bringen, bevor ich zum nächsten Schritt übergehe, in dem ich versuchen will, Ihnen zu erklären, warum ein ästhetisches Erlebnis nur dann wirklich ist, wenn es mit dem Risiko eng verbunden ist. Wie kommt es, dass eine so große Gefahr besteht, ein Kunstwerk zu verderben? Nur ein Künstler kennt dieses Gefühl. Der letzte Pinselstrich auf der Leinwand kann alles ruinieren. Das gehört wieder in den Bereich der Dinge, die sich nicht mitteilen lassen. Ich habe an anderer Stelle ausgeführt, dass es so etwas geben kann wie die Suche nach dem Richtigen, das etwas anderes ist als das Optimum oder das Beste. Im Geschmack gibt es dieselbe Unterscheidung. Nur einfach fähig zu sein, das Beste zu erkennen und Zuversicht zu haben, es zu erreichen, scheint mir nicht das zu sein, wie sich uns ein ästhetisches Erlebnis darbieten sollte. Man kann es nicht auf diese Weise erreichen.

Auf ähnliche Weise können wir auch unsere persönlichen Beziehungen ansehen, mit Freunden, in der Familie, zwischen Mann und Frau. Hier kommt die gleiche Sache zum Tragen wie in dem Diagramm. Da gibt es das Verhältnis von Über- und Unterordnung, Verpflichtung und Widerspruch, Leidenschaft und Widerstand. Und irgendwo gibt es auch eine unendliche Richtigkeit in menschlichen Beziehungen; aber um die zu erreichen, müssten wir ganz und gar über die menschliche Erfahrung hinausgehen. Es gibt Freundschaften so seltener und ungewöhnlicher Art, dass sie in den inneren Kreis gestellt werden können. Ferner gibt es aber auch die Möglichkeit, die uns hier hauptsächlich beschäftigt, im Kreis der Wirklichkeit menschlicher Beziehungen zu sein.

Dieser zweite Kreis enthält etwas Wirkliches – vielleicht sollten wir sogar sagen »etwas Wahres« oder vielleicht am Besten »etwas *Richtiges*« – und außerhalb liegen dann das Künstliche, das Falsche oder einfach das Mechanische: Gewohnheiten, Ablehnung, Misserfolg, Ekel und so weiter. Wie können wir in diesen Kreis gelangen? Gewiss nicht, wenn wir nach Sicherheit suchen und die Beziehung garantiert haben wollen, wenn wir darin nach etwas Beständigem und Dauerhaftem suchen. Dies soll nicht bedeuten, dass menschliche Beziehungen ihrem Wesen nach leicht veränderlich sind und nicht sehr dauerhaft sein können, sondern vielmehr, dass eine Beziehung sich nicht durch die Vermeidung von Risiken richtig gestalten lässt. Sie hängt aber auch nicht davon ab, wie gefährlich man lebt. Das ist ein Irrtum, in den man leicht verfallen kann, wenn man sich klarzumachen versucht, was Risiko eigentlich bedeutet. Tatsächlich ist es die Fähigkeit, sich in einer Weise dem anderen zu offenbaren, durch die Aufrichtigkeit etwas Ungewisses, fürchterlich Riskantes wird.

Entweder erwarten wir etwas, oder wir erwarten nichts; und es sieht so aus, als ob zwischen diesen beiden Möglichkeiten die beste und sicherste Weise liegt, in der man menschliche Beziehungen betrachten sollte: Weder zu viel, noch zu wenig erwarten. Das ist aber ganz die Haltung des Realisten, der doch immer wieder betrogen wird, weil seine Art nüchterner Beurteilung menschlicher Beziehungen im wirklichen Leben sich nicht bewährt. Manche menschlichen Beziehungen gedeihen ganz bemerkenswert, obwohl die Betreffenden die Haltung »Es wird schon gut gehen« einnehmen. Immer ist dabei jedoch die Gefahr vorhanden, dass Spannungen entstehen, auf die Menschen nicht vorbereitet sind, weil vorher keine wirkliche Schwierigkeit aufgetreten war; denn diese unbekümmerte Beziehung ist einer Stresssituation nicht gewachsen.

Wir alle besitzen eine gewisse Fähigkeit, uns dem Punkte zu nähern, an dem paradoxerweise alles da ist und gleichzeitig doch nicht da ist. Wir können diesen Punkt nicht erreichen, aber wenn wir wollen, können wir ihm näher kommen. Hier verwandelt die Dynamik des Lebens unser persönliches Leben und das unserer Mitmenschen. Meistens ist es der Fall, dass wir außerhalb dieses und sogar außerhalb des äußeren des Kreises leben; wir können nicht einmal erraten, wie solch ein heroisches Leben im inneren Kreis sein würde. Darum ist unser Leben ärmer als es zu sein bräuchte.

Diskussion

Frage: Ich möchte gerne mehr über zwei verschiedene Arten der Gelegenheit wissen. Erstens, wenn etwas wie ein unerwarteter Gewinn möglich wäre: Jemand könnte eine sehr große Wahrscheinlichkeit eines Gewinns sehen und sagen, hier ist eine wunderbare Gelegenheit. Zweitens, wenn man eine Gelegenheit nicht einfach sieht, sondern sich selbst eine Gelegenheit schafft.

John G. Bennett: Das Erste ist ein falscher Gebrauch des Wortes »Gelegenheit«. Es gehört zu dem Beispiel, das ich angeführt habe, in dem man voraussehen kann, dass man gewinnen muss, wenn man einen bestimmten Weg einschlägt. Man kann also in diesem Falle nicht sagen, dass hier eine Gelegenheit besteht, die ergriffen wird. Man geht einfach den Weg zum Gewinn. Manchmal ist es eine Gelegenheit, in der Bedeutung des Wortes, wie wir es hier gebrauchen, aber im umgekehrten Sinne. Nämlich dann, wenn das Einschlagen der offensichtlich Gewinn versprechenden Richtung etwas ist, das wir bei tieferer Betrachtung unterlassen würden. Es gibt gelegentlich Menschen, die diese scharfe und weite Einsicht haben und sehen können, dass eine scheinbar günstige Gelegenheit Gefahren birgt.

Ich habe nicht von Erfolg und Misserfolg gesprochen. Wir alle kennen diese seltsame Eigenschaft des Lebens, dass oft etwas, das auf den ersten Blick wie Erfolg aussieht, sich später als Misserfolg erweist. Manches, das auf den ersten Blick wie Misserfolg aussah, stellt sich später als Erfolg heraus. Und etwas, das auf den ersten Blick ein wunderbarer, unerwarteter Gewinn zu bringen scheint, erweist sich später als eine Falle. Es folgt also nicht immer, dass eine Handlungsweise, die zuerst selbstverständlich aussieht, keine Gelegenheit in unserem Sinne ist, also tatsächlich kein Risikoelement enthält. Manchmal flüstert eine »innere Stimme« einem Menschen zu, dass es besser ist, einen Schritt, der oberflächlich betrachtet vorteilhaft aussieht, nicht zu tun. Später kann man dann sehen, dass dies eine Einsicht war, die über alles, was der bloße Verstand einem hätte sagen können, weit hinausging; es war eine Warnung, dass es in Wirklichkeit nicht die Gelegenheit war, die es zu sein schien.

Sich seine eigene Gelegenheit zu schaffen, ist etwas sehr Wichtiges; es erfordert aber zugleich ein Opfer von uns. Wenn eine Gelegenheit nicht durch ein Opfer entsteht, dann ist sie tatsächlich keine Gelegenheit, sondern nur das Ergebnis anderer Handlungen.

Märchen sind Fundgruben sehr wichtiger Einsichten. In guten Märchen handelt der jüngste Bruder – oder wer immer es ist, der die Aufgabe erfolgreich löst – nicht einfach wild impulsiv, sondern ihn kennzeichnet die Fähigkeit zum bewussten Einsatz. Er ist gewillt, den unsichersten Weg zu gehen. »Wer mich erwählt, der gibt und wagt sein Alles dran.«[44] Das ist die Wahl, die vor ihm steht, und die Entscheidung für das größte Risiko gibt dem ganzen Drama seine Lösung.

Frage: Gehört Risiko nur zum Menschenleben, oder gehört es zum Leben überhaupt? Wenn das Letztere zutrifft, würden Sie

---

44. *"He who chooses me must give and hazard all he has."* William Shakespeare: *Der Kaufmann von Venedig.*

dann sagen, dass man die Entwicklung des Lebens und seine Bedeutung in diesem Sinne deuten könnte?

J.G.B.: Ja – ich glaube nicht, dass Risiko nur auf den Menschen beschränkt ist. Im Gegenteil, je mehr wir über die Evolution des Lebens auf der Erde lernen, um so klarer wird es, dass es vermutlich keine vorausbestimmte Entwicklung in einer eindeutigen Richtung gewesen ist, sondern einfach ein riskantes Vorwärtstasten. Aber es war wirklich ein Tasten nach irgendetwas – man kann die Evolution des Lebens nicht erklären, wenn man sie als völlig blind ansieht. Irgendetwas biologisch Angelegtes muss es geben. Man nennt dies »epigenetischer Faktor« oder »epigenetische Umwelt« (nach C.H. Waddington).

Die Evolution des Lebens auf der Erde entspricht in jeder Einzelheit dem Vorbild des Spiels, das im alten Sumer erfunden wurde und das ich am Anfang dieser Vortragsreihe erwähnt habe. Es gibt einen Weg vorwärts, und es muss Lücken geben. Diese Ungewissheit – die gleicher Art ist wie der Wurf der Würfel – zeigt sich im Geschlechtsakt. Es ist durchaus ungewiss, welches genetische Muster zustande kommt. Es fallen sozusagen bei jeder Empfängnis die Würfel, bis eine bestimmte Zahl oben liegt. Dieses Element hat die Entwicklung des Lebens erst ermöglicht. Bevor es geschlechtliche Fortpflanzung gab, war der Mechanismus ganz anders. Ich kann also sagen, dass wir allen Grund haben für die Annahme, dass Hasard auch im großen Maßstab operiert und nicht nur in unserem privaten menschlichen Leben wirkt.

Frage: Das folgende Wort ist leider sehr oberflächlich – Sie haben es nie benutzt –, aber hat nicht auch »das Glück« etwas mit Hasard zu tun?

J.G.B.: Wir sagen, jemand hat Glück oder Pech. Irgendwie nehmen wir davon Notiz, dass es eine Art Zusammenhang zwischen dem Charakter eines Menschen und unvorhersehbaren Elementen gibt. Es sieht so aus, als ob man dies auch in Betracht ziehen sollte.

Frage: Würden Sie sagen, dass, wenn jemand eine Glückssträhne gehabt, es aber versäumt hat, sie auszunutzen, diese Glückssträhne aufhören würde?

J.G.B.: Ja, aber nicht für immer. Anscheinend ist alles so eingerichtet, dass Gelegenheiten immer wieder auftreten, auch wenn wir sie versäumen. Was Sie eine Glückssträhne nennen, ist ein sehr wichtiger Begriff, denn er hat wirklich mit dem Grundsatz zu tun, dass es Zeiten gibt, die günstig oder ungünstig für Handlungen sind. Ich habe nicht den geringsten Zweifel, dass es so ist: Es gibt Zeiten, in denen eine gewisse Handlung möglich ist, und andere Zeiten, wenn sie nicht möglich ist. Wer das nicht versteht, wird sich vergeblich abmühen, wenn es nicht die richtige Zeit dafür ist. Dieser Mensch mag es zum Beispiel zu früh versuchen, und dann gelingt es nicht, egal wieviel Kraft er daransetzt. Wenn man den Augenblick der Flut versäumt, kommt wieder die Ebbe – aber nach einiger Zeit kehrt die Flut zurück. Darum sollte man sich nicht in Pessimismus vergraben, wenn man eine Gelegenheit versäumt hat, denn Gelegenheiten kehren wieder.

Dies muss man lernen zu verstehen. Diese Art der Selbstverpflichtung ist bedeutsam, gerade weil Belohnung nicht garantiert wird. Wenn man vom Risiko spricht, selbst wenn man es annimmt und die Gelegenheit mit beiden Händen ergreift, heißt das noch lange nicht, dass das gewünschte Ergebnis auch sicher ist – sonst wäre es kein Risiko, kein Hasard. Durch eine Selbstverpflichtung machen wir etwas möglich, das uns sonst nicht möglich gewesen wäre. Aber dadurch ist der Erfolg noch nicht sicher. Wie ich eben gesagt habe, es gibt ein Ausgleich für all dies, weil es so viele Lücken gibt: Chancen bieten sich immer wieder. Die Welt ist auf diese Weise eingerichtet. Wir können nicht sehen, wieviel eigentlich möglich ist, und so versäumen wir unsere Gelegenheiten immer wieder. Darum gehen die Dinge nie ganz so, wie wir es wünschen. Und selbst, wenn wir alles tun, was notwendig ist, gibt es noch immer keine Garantie.

Das sollte unsere Lebensdevise sein: Erwarte nicht, dass irgendetwas garantiert oder zugesichert ist. Sobald wir Garantie und Sicherheit erwarten, schließen wir Türen. Sind wir aber bereit, uns diesen Wunsch zu versagen, müssen wir uns auch darauf gefasst machen, dass die Dinge nicht so ablaufen, wie wir uns das vorstellen. Wenn wir uns darüber im Klaren sind, dann nehmen wir das Risiko an und öffnen die Gelegenheit für ein abenteuerliches, bedeutungsvolles Leben.

Das Risiko von Nationen

Es wird für die Menschen immer deutlicher, dass die Welt weder ein Uhrwerk ist, das einmal aufgezogen wurde und bis zum Ablaufen wie vorgesehen funktioniert, noch ein blindes, bedeutungsloses Chaos, das durch reinen Zufall komplexe biochemische Strukturen mit der Fähigkeit zu denken und zu fühlen hervorgebracht hat. Das ist eine Welt, die durch und durch dramatisch ist – und darum durch und durch aufregend. Es gab sicherlich nur wenige Augenblicke auf dieser Erde, die dramatischer und spannender waren als das Öffnen der Pandora-Büchse der Kreativität.[45]

JEDE ART DER GESELLSCHAFTSORDNUNG SIEHT SICH EINEM Risiko gegenüber. Betrachten wir zuerst das Risiko, das mit Macht oder Stärke zusammenhängt. Wenn große Reiche mit viel Macht errichtet werden, dann herrschen sie über ein großes Gebiet, ziehen aber gleichzeitig auch entsprechend große Probleme an. Dies ist offensichtlich bei der Alleinherrschaft eines Eroberers oder eines Herrschers, der große Macht auf sich konzentriert und eine Gesellschaft zusammenhält, – und es gilt auch für Oligarchien. Wenn wir annehmen, dass auf einem bestimmten Gebiet eine gewisse Konzentration der Macht herrscht, die es den Machthabern ermöglicht, dieses Gebiet zu dominieren, dann kann man mit ziemlicher Sicherheit sagen, dass der Radius dieses Machtgebietes ungefähr gleich der Höhe ist, auf der diese Macht steht.

Mit dieser Einschätzung ist leicht zu errechnen, dass sich bei einer Verdopplung des Machtgebiets der Umfang der Probleme vervierfacht. Dieses einfache Modell des Machtrisikos hilft uns, eine ganze Reihe historischer Situationen klarer zu sehen – auch gegenwärtige. Und es macht das Risiko deutlich, das der Raum mit sich bringt: Je mehr Raum beherrscht wird, um so größer ist die Zahl der Probleme; das Risiko wächst überproportional schnell. Schließlich kommt der Zeitpunkt, an dem die herrschende Macht die Probleme nicht mehr bewältigen kann und die Gesellschaftsordnung zusammenbricht. Die Geschichte zeigt uns, dass sich dieser Vorgang regelmäßig und unabwendbar wiederholt.

Ein anderes interessantes Phänomen ist, dass man die Schwäche des Systems von außen sehen kann. Da ich viel gereist bin, konnte

---

45. TDU, Band 4, *History*.

ich immer wieder bemerken, wie die Epochen weiträumiger Herrschaft und Bautätigkeit einer Großmacht mit der Zeit ihres Zusammenbruchs verbunden sind. Zum Beispiel wurde eines der herrlichsten Gebäude der Neuzeit, der große Palast in Versailles, kaum ein Jahrhundert vor dem Zusammenbruch der französischen Monarchie erbaut. Wenn wir weiter in die Geschichte zurückblicken, können wir sehen, dass die Bauwerke Babylons, einer der größten Hauptstädte der damaligen Zeit, etwa hundert Jahre vor ihrer Eroberung am höchsten waren. Ein weiteres Beispiel ist Ctesiphon, wo zum ersten Mal der Gewölbebogen für die Architektur nutzbar gemacht wurde, was den Baumeistern jener Zeit ermöglichte, einen großartigen Palast zu bauen, der für die antike Welt beispielhaft war. Fünfzig Jahre später brach die Macht Ctesiphons zusammen. Man kann es immer wieder beobachten: Erst eine starke Machtkonzentration mit großer Landbeherrschung, und dann ein plötzlicher Zusammenbruch. Der Zusammenbruch erfolgt, sobald das Ausmaß des Risikos die Fähigkeit der Macht übersteigt, es zu bewältigen. Das nenne ich das Risiko des Raumes.

Eine andere Gefahr ist das Zeitrisiko oder das Risiko der Nachfolge. Ein großer Mann mag eine große Gesellschaft aufbauen und sie erfolgreich verwalten und beherrschen, weil er eben ein »großer Mann« ist. Wenn ihm aber niemand von ähnlicher Größe nachfolgt, kann ein dramatischer Zusammenbruch erfolgen. Ein eindrucksvolles Beispiel in der antiken Geschichte ist das Schicksal Roms unter den Antoninen: Die Macht lag erst in den Händen von Marc Aurel, dem vielleicht weisesten und besten Herrscher, der je despotische Macht ausübte. Nach ihm kam Commodus, und alles, was Marc Aurel und seine Vorläufer aufgebaut hatten, brach tragisch zusammen. Noch ein Beispiel finden wir in den persischen Herrschern nach Cyrus, der auch einer der weisesten und besten Herrscher des Altertums war. Dieser Zusammenbruch war nicht ganz so tragisch, weil Darius der Erste ebenfalls kein schlechter Herrscher war; aber bald nach diesem zerfiel alles.

Es gibt noch eine andere, ›seltsame‹ Art des Risikos, die ich das Stabilitätsrisiko oder Friedensrisiko nennen möchte. Wenn eine Gesellschaft gut geregelt ist und eine Art Stabilität erreicht zu haben scheint, die nicht so sehr auf Macht aufbaut als vielmehr auf guter Organisation, guter Kommunikation und guter Verwaltung, dann könnte man annehmen, dass sie eine lange Zeit erfolgreich bestehen würde. In diesem Fall zeigt sich jedoch das innere Risiko, die Unfähigkeit einer Gesellschaft, ihre eigene Stabilität zu erhalten, wenn bei der Bevölkerung inneres Wachstum und innere Entwicklung aufgehört haben. Das kommt immer wieder vor. Es muss einen inneren Zweck einer Gesellschaft geben, den sie erfüllen muss und der über ihre eigene Fortdauer, über ihre eigene erfolgreiche Aufrechterhaltung hinausgeht. Man kann dies auch in Industrieunternehmen beobachten. Wenn diese hoch organisiert und so erfolgreich sind, dass ihre Weltmarktposition gesichert und das Risiko der Konkurrenz abgewendet scheint, dann erfolgt der innere Zusammenbruch.

Da ich vom Risiko in der Gesellschaft spreche, möchte ich auch etwas erwähnen, das ich »das Risiko der idealen Gesellschaft« nenne. Gesellschaftsordnungen werden oft mit sehr hohen Idealen ins Leben gerufen – etwa um »zu zivilisieren«, um »Ordnung« in Länder zu bringen, um eine Religion einzuführen –, und die Geschichte zeigt uns die seltsame und betrüblichste aller Erscheinungen, die darin besteht, dass diese Gesellschaftsordnungen dazu neigen, sich nach einiger Zeit gegen sich selbst zu wenden. Das bringt meistens Folgen hervor, die im Gegensatz zur Absicht ihrer Gründer stehen. Man kann sehen, dass solche Gesellschaftsordnungen sich erfolgreich aufrechterhalten, solange sie einer wirksamen Herausforderung ausgesetzt sind, solange eine schwierige Aufgabe gelöst werden muss.

Betrachten wir zum Beispiel die Gründung der Mönchsorden in Europa. Im sechsten Jahrhundert war es dem großen Organisator und Verwalter, dem Heiligen Benedikt, gelungen, einen Orden zu gründen, der dann von einem seiner Mönche, Gregor, gefestigt, gestärkt und weit verbreitet wurde. Das geschah zu einer Zeit, als das römische Weltreich zusammenbrach und »Barbaren« einfielen – also in einer Geschichtsperiode, in der das Risiko in der westlichen Welt erschreckend groß war. Der Orden hielt Europa zusammen und brachte Schulwesen und Gelehrsamkeit zurück. Als schließlich die Zivilisation wieder gefestigt war, wurden die Orden mangels äußerer Herausforderung korrupt, und ihre Entartung während des Mittelalters und danach war die sichtbare Folge.

Dies ist einer der seltsamen Züge des Hasard des Idealismus, das heißt, wenn vortreffliche Ziele an sich schon als eine Garantie der Lebensfähigkeit angesehen werden. Man sieht nicht, dass außer einem edlen Ziel noch etwas anderes notwendig ist und dieses »andere« *darin* besteht, Gefahren und Schwierigkeiten ins Auge zu sehen. Ein anderer Aspekt ist die Tragik idealistischer Gemeinschaften. Es ist kaum zu ertragen, welchen Schaden hoch gesinnte Missionsgesellschaften zu jeder Zeit in der Welt angerichtet haben – trotz ihrer »guten« Ziele. Es ist aber andererseits auch wichtig zu beobachten und sich einzugestehen, dass es nun einmal so ist: Weder Stabilität, tüchtige Organisation, weise Verwaltung, noch ideale Ziele und Hochherzigkeit bieten irgendeine Gewähr dafür, dass eine Gesellschaftsordnung den Charakter, um derentwillen sie begründet wurde und den sie einige Zeit lang vielleicht wirklich besaß, auch auf Dauer behalten wird.

Sie mögen nun glauben, dass ich eine sehr pessimistische Einstellung habe, wenn ich von menschlichen Gesellschaftsordnungen und der Geschichte der Menschheit auf diese Weise spreche. Dem ist aber nicht so, denn wir haben ja auch immer wieder ein erstaunliches Wiederaufblühen beobachten können: Es gab menschliche Gesellschaften, die wirklich Großes vollbracht haben. Ich habe die erstaunlichen Leistungen der Benediktiner und anderer Mönchsorden vom frühen bis zum späten Mittelalter erwähnt. Ein anderes, weniger bekanntes Beispiel sind Zentralasien und der größere Teil Westasiens nach dem Mongoleneinfall zu Beginn des dreizehnten Jahrhunderts.

Die Invasionen des Dschingis Khan, seiner Söhne und seiner Enkel waren zweifellos die verheerendsten und fürchterlichsten Raubzüge, die die Welt je gekannt hat. Für sie bedeutete Eroberung nicht nur einfach die Zerstörung von Städten – weil sie noch nie Städte gesehen hatten und einfach nicht begriffen, welchen Zweck diese haben können. Sie metzelten auch ganze Bevölkerungen nieder, weil das die einzige ihnen bekannte Art war der Sicherung gegen Aufstände nach ihrem Abzug. In Zentralasien stießen sie jedoch auf eine außerordentliche Gesellschaft oder Organisation, die Chodschagan, die »Meister der Weisheit«[46], die neue Fäden knüpften und eine Gesellschaftsordnung wiederaufbauten, die hundert Jahre später zu der wundervollen, fast unglaublichen Kultur von Samarkand und Buchara führte. Aber nach ein paar weiteren Jahrhunderten trat auch hier wieder Degeneration ein, und was dann aus ihr wurde, hatte nichts mehr mit ihren Anfängen zu tun.

---

46. Vergleiche John G. Bennett: *Die Meister der Weisheit*, Südergellersen 1993, jetzt beim Triade Verlag, Singhofen.

Das Gleiche geschah ebenso nach den Invasionen von fremden Kulturen in Indien. Die dortigen Gesellschaften, ursprünglich auf einer religiösen Grundlage aufgebaut, versuchten, die indische Kultur nach den alten Idealen zusammenzuhalten. Im Laufe der Zeit jedoch verwandelten sie sich in etwas ziemlich Künstliches, das dem ursprünglichen Geist des Kastensystems völlig entgegengesetzt war. Immerhin jedoch brachte jede dieser Wellen, jeder dieser Zyklen, etwas Positives zustande. Und das geschah immer dann, wenn eine Gruppe von Menschen die Fähigkeit besaß zusammenzuarbeiten, um einem besonderen Risiko entgegenzutreten. Sie hatten es nicht einfach mit den üblichen, allgemeinen Schwierigkeiten zu tun, sondern mit einem klar umrissenen und überwältigend großen Problem.

Diese Situation eines universellen Hasards, eines Risikos, das weite Gebiete beeinflusst, treffen wir in der Geschichte der Menschheit immer wieder an. Es sind Perioden des Grauens und der Verwüstung, wenn man sie nur von einer Seite betrachtet. Von einer anderen Seite gesehen sind es Perioden außergewöhnlicher Gelegenheit. Ich glaube, ich begann diese Tatsache zum ersten Mal zu verstehen, als ich Gurdjieffs Schriften las. In seinem Werk *All und Alles – Beelzebubs Erzählungen für seinen Enkel*[47] führt er den Ausdruck *Solionensius* ein. Dies ist der Begriff für das, wovon ich hier spreche. Es ist ein Zustand, in dem die Wirkung des Risikofaktors am größten ist und eine große Zahl von Menschen betrifft.

In gewöhnlichen Zeiten gibt es überall kleinere Risiken anderer Art, die sich in ihrer Wirkung mehr oder weniger gegenseitig aufheben. In historischen Momenten jedoch, wenn der Einfluss von *Solionensius* wirkt, verstärkt sich das Risiko, das die Situation polarisiert. Dann befindet sich jeder Einzelne in gefährlichen Umständen und muss schwierige Entscheidungen treffen. Ouspensky beschreibt in einem seiner Bücher[48], wie er, als die russische Revolution auf ihrem Höhepunkt stand, zu Gurdjieff sagte, dass ihm diese Zeit besonders ungünstig für die spirituelle Arbeit erscheine, weil man nur noch von Tag zu Tag leben konnte und seines Lebens nicht mehr sicher war oder nicht wusste, ob man überhaupt noch Möglichkeiten hatte, irgendetwas zu tun. Gurdjieff erwiderte, es sei keineswegs so – ganz im Gegenteil, solche Situationen

---

47. Hugendubel Verlag, Kreuzlingen 2000.
48. P. D. Ouspensky: *Auf der Suche nach dem Wunderbaren*, O. W. Barth, München 1991.

seien die beste Möglichkeit zur Arbeit an der eigenen Transformation, vorausgesetzt, man wisse, wie man sie bewältigen und nutzen kann. Und zweifellos sind wir gegenwärtig wieder in einer ähnlichen Lage der Spannung und Gefahr.[49]

Manche Menschen möchten eine solche Lage nicht wahrhaben und schlagen einen der Wege ein, die ich erwähnt habe. Manche hoffen einfach auf das Beste, halten alles für eine vorübergehende Phase und glauben, der Mensch sei durchaus fähig, damit fertig zu werden und schließlich wieder eine stabile Gesellschaftsordnung zu begründen, auf die er sich eine unbegrenzte Zeitspanne lang verlassen kann. Das entspricht der optimistischen Einstellung zu einem Unternehmen. Andere vertreten eine ebenso törichte pessimistische Ansicht und sind überzeugt, dass wir auf eine Katastrophe zusteuern. Wieder andere nehmen die realistische oder scheinrealistische Haltung ein und machen Pläne, wie sie ihre eigene Haut retten könnten, wenn die Sache schief geht. Sie versuchen, sich irgendwie abzusichern, oder beruhigen sich mit einer einleuchtenden Theorie, die es ihnen vermeintlich erlaubt, die Sache in den Griff zu bekommen, sollte sich die Lage zuspitzen. Und natürlich gibt es auch die Opportunisten, die es schon für eine große Errungenschaft halten, wenn sie mit den Schwierigkeiten des Tages fertig werden und denen es sinnlos und unnötig vorkommt, zehn, zwanzig oder dreißig Jahre vorauszuschauen. Aber keine dieser Haltungen trifft den wirklichen Kern der Lage. Alle vier verpassen die Gelegenheit, die sich bietet. Denn in solchen Zeiten – und dies gilt immer, wenn das Risiko sich verstärkt – gibt es auch eine Konzentration von Gelegenheiten, von Kräften, die im Einzelnen und in ganzen Gesellschaften wirken können.

Je größer das Risiko, desto größer ist auch die Gelegenheit, vorausgesetzt – und das ist wesentlich – man weiß, *wie* man mit eine derartigen Situation umgehen kann. Hasard allein ist noch keine Gelegenheit, ebenso wenig wie im Backgammon-Spiel, über das ich bereits sprach. Einfach die Würfel zu werfen, macht noch kein Spiel. Ein Spiel entwickelt sich erst, wenn man die Regeln versteht und fähig ist, Gelegenheiten zu erkennen, wenn sie sich bieten; also wenn man die Lücken erkennt, in die man vorrücken kann. Außerdem muss man wissen, wie man aus den gegebenen Un-

---

49. Anmerkung des Übersetzers: Bennett hielt diese Vortragsreihe 1967, in einer Zeit großer gesellschaftlicher Umbrüche weltweit. Offenbar trifft diese Aussage zu Beginn des einundzwanzigsten Jahrhunderts aber noch mehr zu.

sicherheiten Vorteil ziehen kann. Das sind die wesentlichen Bedingungen für die richtige Haltung, die darin besteht, dass man diese Unsicherheiten weder als Hindernis im Streben nach dem Ziel betrachtet noch als Schwächung der eigenen Kraft und Fähigkeit, es zu erreichen, sondern im Gegenteil als das einzige Mittel, das einem den Weg öffnet.

In Wirklichkeit wurde jedoch meistens das Umgekehrte als richtig angesehen: Man hat angenommen, wenn wir die Dinge besser regeln könnten, wenn wir das Risiko, falls es sich im Voraus berechnen ließe, ausschalten und uns hinreichend absichern könnten, es immer auch Möglichkeiten gäbe zu garantieren, dass nichts fehlschlägt und wir das erstrebte Ziel erreichen. Diese Annahme verunmöglicht aber jedes tiefere Verständnis unserer menschlichen Situation. Es ist keineswegs leicht oder einfach, seinen Weg durch all dies zu finden. Sich blindlings in eine Situation zu stürzen, ist tollkühn; es weicht ebenso von der nötigen Einsicht ab wie der Versuch, Schwierigkeiten durch präzise Regeln oder Vorschriften vorzubeugen. In gewissem Sinne weicht es sogar noch weiter davon ab, denn natürlich soll berechnet werden, was berechnet werden *kann*.

So weiß der gewandte, erfahrene Backgammon-Spieler sehr wohl, dass er die möglichen Kombinationen, die im Laufe des Spiels auftreten, sorgfältig in Betracht ziehen muss. Er muss darauf vorbereitet sein, gewisse Stellungen einzunehmen. Trotzdem weiß er, dass, auch wenn er alles abgewogen hat, der Würfel den Ausschlag gibt. Es ist diese richtige Verbindung von jeder möglichen Vorausschau mit der Einsicht, dass in alles immer und unumgänglich ein unkontrollierbarer Faktor hineinspielt, der wirkliche - Entscheidungen ermöglicht. Denn in diesem Fall ist die Verpflichtung, eine Sache durchzustehen, nicht einfach ein vorausberechnetes Risiko im gewöhnlichen Sinne – sie hat eine andere Qualität, eine Qualität, die nicht von korrektem Denken, von genauer Berechnung abhängt. Diese besondere innere Einstellung beruht darauf, dass man bereit ist, sich zu verpflichten, sich ganz auf die Sache einzulassen ohne irgendeine Hoffnung zu hegen, man könnte das Ganze von außen her lenken.

Ich bin überzeugt, dass das gleiche Prinzip auch für unser Privatleben gilt, für unsere eigene Suche, für unsere Beziehungen zu anderen Menschen und für die Deutung geschichtlicher Geschehnisse großen Maßstabs. Wenn Sie an Menschen denken, die großen Dinge erreicht haben – und vor allem in der Zeit ihrer Größe (denn die Gelegenheit zur Größe bietet sich den Menschen üblicherweise nur während einer gewissen Zeitspanne ihres Lebens) –, dann können Sie sehen, dass solche Menschen die Eigenschaften besaßen, von denen ich hier spreche.

Diskussion

John G. Bennett: Jemand hat eine Frage nach Karma oder Schicksal gestellt. Diese Konzepte geben uns keine vollständige Erklärung für irgendetwas, sie sind nur Teilfaktoren. Daneben gibt es das Risikoelement, das Unvorhersehbare oder ungewisse Element. Wie ich dargelegt habe, trägt alles ein Muster in sich; und dieses Muster, das wir Einzelmenschen in uns tragen, das aber auch Gesellschaften und ganze Reiche in sich tragen, ist das Karma. Das Wesentliche dieses Musters ist, dass es nicht aufgezwungen ist – es ist in Wirklichkeit ein Netz von Möglichkeiten. Wenn wir dies nicht in Betracht ziehen, wenn wir überhaupt keinen Versuch machen, es zu verstehen, lassen wir etwas Wichtiges aus. Wenn wir uns jedoch der Ansicht hingeben, dass wir alles allein damit erklären können, dann lassen wir ebenfalls etwas aus.

Frage: Ich sehe das Risiko als etwas an, das den Weg öffnet. Ist es die einzige Weise, in der ein Weg geöffnet werden kann? Auf einen großen Maßstab bezogen kann ich sehen, dass Nationen mit Hasard konfrontiert sind. Wie aber könnte man eine Gelegenheit erkennen, wenn sie sich bietet?

J.G.B.: Die Antwort auf Ihre erste Frage ist: Ja, es ist richtig, dass jede Öffnung ein Risiko bedeutet. Sie kommen zum Beispiel an einen Scheideweg. Wenn Sie sehen können, welchen Weg Sie einzuschlagen haben, wenn ein Wegweiser deutlich anzeigt, dass der linke Weg zu Ihrem Bestimmungsort führt, dann ist es keine Gelegenheit, diesen Weg zu wählen. Wenn aber kein Wegweiser an der Kreuzung steht – und im Leben sind unsere Wege keineswegs mit Schildern versehen –, dann bedeutet ein Scheideweg Ungewissheit und Spannung und damit auch eine Gelegenheit. Wie man das erkennen kann? Das ist der Kern der Lebenskunst.

Ich glaube, das der Mensch eine Art Organ in sich hat, das die Fähigkeit besitzt, diese Dinge zu spüren und zu sehen, wenn eine wirkliche Chance besteht, um etwas zu vollbringen, und auch zu erkennen, wenn so eine Chance nur scheinbar oder illusionär ist. Diese Wahrnehmungsfähigkeit, die in uns angelegt ist, heißt manchmal »Gewissen«. Dieses sehr außergewöhnliche Organ vernachlässigen wir ganz und gar; und eigentlich halten wir es kaum für notwendig, Menschen zu helfen, es zu entwickeln und davon Gebrauch zu machen. Dieses Gewissen gibt uns die Fähigkeit, Dinge zu erkennen und einzuschätzen, die dem Verstand und den Sinnen nicht völlig zugänglich sind. Es dringt tiefer als der Verstand und die Sinne und gleicht vielleicht eher der intuitiven Wahrnehmung als dem Denken. Es ist eine Eigenschaft, die entwickelt werden kann, etwas, durch das die Menschen fähig werden, am »Geschmack«, an den Schwingungen oder an etwas Ähnlichem zu erkennen, ob sie es mit einer Sache zu tun haben, welche diese besondere Qualität besitzt. Es hat eine ähnliche Wirkung, wie wenn sich die Nackenhaare sträuben: Es geschieht häufig angesichts einer Gefahr. Es ist eine Art innerer Warnung, die zu uns spricht und die unglücklicherweise zumeist unbeachtet bleibt.

Das ist der Beginn einer Art von Wahrnehmungen, die jeder Mensch entwickeln kann. Wenn die Menschen nur fähig wären, diese Wahrnehmungen öfter zu nutzen und ihnen auch zu vertrauen, dann würden sie erkennen können, dass das Leben Gelegenheiten bietet, die einfach niemand bemerkt. Dann würde der Mensch auch die unechten, die fantastischen Scheindinge erkennen lernen, bei denen es so aussieht, als ob sie eine Chance böten, dass er tatsächlich etwas tun kann, obwohl diese Gelegenheit in Wirklichkeit nicht vorhanden ist.

Frage: Würden Sie sagen, dass andere einen größeren Einfluss auf unser Leben haben können als wir selbst? Zum Beispiel, als der Nationalsozialismus in Deutschland herrschte und die Menschen überall auf der Welt irgendwie berührte? Wenn man sich zum Beispiel vornimmt, gewisse Dinge zu tun, die das Verhältnis zwischen zwei Personen betreffen, dann mag wohl auf unserer Seite eine Verpflichtung notwendig sein, unser Bestes tun zu wollen. Aber hängt es schließlich nicht auch von der anderen Person ab?

J.G.B.: Nein, das ist etwas anderes. Sie sprechen jetzt von den *Handlungen* der anderen Person. Die Handlung an sich bringt keine Risikosituation hervor; ich habe nur gesagt, dass Hasard nicht unserer Kontrolle unterliegt. Ob es nun von Menschen herbeigeführt wird oder ob es durch einen anscheinenden Zufall zustande kommt, es scheint immer ein Element hineinzuspielen, das wir weder voraussehen, noch kontrollieren oder selbst hineinbringen können. So definiere ich Hasard. Und darum können wir nicht sagen, dass Hasard durch unsere eigene Handlungsweise entsteht. Wenn es andererseits darum geht, aus der Sachlage einen Vorteil zu ziehen und die Gelegenheit, die in ihr liegt, zu ergreifen, dann muss – falls es sich um eine Beziehung zwischen zwei Menschen handelt – die Übereinstimmung gegenseitig sein. Die Entscheidung kommt dann zwischen zwei Menschen zustande. Und so liegt die Sache auch, wenn es sich um eine ganze Gesellschaft handelt. Im Allgemeinen, das heißt, wenn eine große Zahl von Menschen betroffen ist, ist es gewöhnlich keine Entscheidung, die im vollen Bewusstsein des Geschehens getroffen wird.

Ich will hier ein Beispiel geben, an dem man sehen kann, wie eine Verbindung von Menschen zustande kommt, die alle Eigenschaften eines wirklichen Zusammenhangs und einer guten Beziehungen hat. Wir konnten das während der Luftangriffe auf London im Zweiten Weltkrieg sehr oft beobachten. Ein Haus war bombardiert worden und stand in Flammen, die Menschen rannten auf die Straße und viele Dinge mussten getan werden. Es war eines der erstaunlichsten und wie ich glaube, wunderbarsten Erlebnisse im Leben derer, die dabei waren. Wie ganz von selbst, ohne dass jemand die Führung übernahm oder Befehle gab, fanden sich die Menschen zusammen, um mit dieser unmittelbaren Situation, der sie plötzlich gegenüber standen, fertig zu werden.

Es muss wohl kaum betont werden, dass dies eine Hasard-Situation war. Das Bemerkenswerte daran war, dass hier eine Gruppe aus Notwendigkeit zusammenkam und so lange bestehen blieb, wie die Notwendigkeit vorhanden war. Dann löste sie sich wieder auf, und jeder ging seines Weges. Niemand kam auf den Gedanken: »Jetzt haben wir das alle gemeinsam durchgemacht, also wollen wir morgen erneut zusammenkommen und es wieder tun.« Die Art von Gruppe, die zusammenkommt, um mit einem bestimmten Risiko fertig zu werden, ist vergleichbar mit einem Spielzug: Wenn der Zug gemacht ist, ist er zu Ende und eine neue Lage ist entstanden. Niemand käme auf die Idee, dass man das Spiel verfeinern könnte, indem man denselben Zug immer wieder macht. Und trotzdem glauben Menschen oft, eine Gemeinschaft oder Gesellschaft könne dadurch verbessert werden, dass das Bestehende aufrechterhalten wird. Auch in Beziehungen ist bloße

Dauerhaftigkeit kein Qualitätsbeweis. Solange Umstände bestehen, die der Beziehung Sinn verleihen, mag sie richtig sein. Wenn diese Umstände nicht mehr vorhanden sind, ist sie es nicht länger.

Frage: Die Geschichte der Menschheit scheint ziemlich chaotisch zu sein. Können wir wirklich sagen, dass sie in eine bestimmte Richtung hat?

J.G.B.: Ich würde beinahe so weit gehen und sagen, ich glaube, dass die Geschichte einem gewissen Entwurf folgt und dass es eine Intelligenz gibt, die dieses Muster erkennen kann. Was von unserem menschlichen und subjektiven Standpunkt aus nur wie eine Aneinandersreihung von Misserfolgen aussieht, mag ganz im Gegenteil der Weg sein, durch den ein gewisses, sehr viel höheres Ziel erreicht wird. Das ist mein Standpunkt – aber dieses Muster erkennen zu können, ist eine andere Sache.

Frage: Würden Sie sagen, dass wir nur dann Frieden haben können, wenn wir frei sind?

J.G.B.: Ich würde sagen, dass wir nur so lange Frieden haben können, so lange wir frei sind; um aber dauerhafte Freiheit zu erreichen, müssten wir einen derart hohen Preis bezahlen, den kaum jemand zu zahlen bereit wäre, nicht einmal im Traum. Die Menschen dürsten nach Freiheit und glauben, sie sei billig zu haben. So ist es nicht. Der höchste Preis, den die Menschen zu zahlen bereit sind, würde vielleicht ausreichen, einen Zehntel Freiheit zu erwerben – und sie würden neun Zehntel versklavt bleiben. Davon wissen Gesellschaften nichts. Und ich glaube auch nicht, dass eine ganze Gesellschaft jemals frei werden kann. Wir sind noch sehr, sehr weit von dem Punkt entfernt, an dem eine Gesellschaft fähig wird, echte Entscheidungen zu treffen. Und ohne bewusste Entscheidungen kann es auch keine Freiheit geben.

Frage: Können Sie bitte noch etwas mehr über eine Gruppensituation sagen, bei der man im Voraus bezahlen muss?

J.G.B.: Wenn eine Gruppe von Menschen sich vornimmt, ein gewisses Ziel zu erreichen, das sehr hoch sein mag, dann stellt dies keine freiheitliche Situation dar, denn sie sind ja an dieses Ziel gebunden. Sie mögen sich in eine Lage versetzen, die Opfer, harte Arbeit und Zielstrebigkeit erfordert. Schon die Tatsache, die wir als Hingabe an die Sache bezeichnen, bedeutet, dass sie sich in Umstände gebracht haben, die sie durchstehen müssen. Die Gruppe verpflichtet sich dabei, das selbst gesetzte Ziel in keiner Weise verlieren.

Aber das habe ich nicht gemeint. Es gehört vielmehr zu dem, was ich das »Risiko des Idealismus« nenne. Hier gibt es Schwierigkeiten, die auftreten, wenn man sich das Ziel gesetzt hat, etwas Gutes zu vollbringen. Könnten Menschen aber zusammenkommen ohne die Absicht, etwas Bestimmtes zu vollbringen, und sich dennoch einer Risikosituation auszusetzen, dann wären die notwendigen Bedingungen für Spontaneität vorhanden. Es kommt manchmal vor, dass einige Menschen derartige Umstände auf sich nehmen. Ein Mann oder eine Frau könnten sich entschließen, in einer Leprakolonie zu arbeiten, mit der klaren Vision, dass dieser Entschluss Freiheit von etwas bringt, wovon er oder sie sich auf keine andere Weise hätte befreien können. Wenn man sich in die Situation einer Gruppe versetzen kann, die so etwas unternimmt, kann man vielleicht sehen, dass dies nicht das Gleiche ist wie Idealismus. Es kann aber leicht zu Idealismus werden, wenn man nämlich Gutes tut, einfach um Gutes zu tun.

Das Universum und Gott

Die wirkliche Stelle, an der wir die Gegenwart Gottes wahrnehmen können, liegt im Zentrum des Selbst. Die Erkenntnis der eigenen Nichtigkeit macht eine Gnade möglich, die als ein Zustand der Glückseligkeit erfahren wird, in dem die Spannungen des Daseins – zumindest für einen Moment – in die Verwirklichung des Wesens transformiert sind.

Es ist wahrscheinlich richtig zu sagen, dass es ohne Hasard keine Erfahrung der Gegenwart Gottes geben kann, denn Glaube ist das Wirken des versöhnenden Impulses im Kern der dreifältigen Natur des Menschen, das das Unmögliche möglich werden lässt. Da Existenz durch den Glauben spiritualisiert wird, muss Hasard als eine grundlegende Notwendigkeit der Existenz angenommen werden, als die Bedingung für die Transformation der Existenz. Hasard ist die notwendige Bedingung für den Glauben, und wenn wir das richtig begreifen, macht es das Risiko auch zum Vorläufer der Freiheit. Nur durch Hasard sind Tod und Wiederauferstehung möglich. Die Selbstheit erlaubt die Geburt eines unabhängigen und vollständigen individuellen Willens in seinem eigenen Zentrum, indem es die Risiken der Essenz akzeptiert.[50]

Objektive Wirklichkeit

BEVOR WIR ÜBER DIE KOSMISCHE BEDEUTUNG DES RISIKOS sprechen können und über die Rolle, die das Risiko in unserem Verständnis von der Welt einnimmt, müssen wir zwei Gesichtspunkte näher betrachten. Der eine Aspekt wird uns durch die Sinne offenbart, und wir studieren ihn mit den Methoden der Naturwissenschaft, die unser Weltbild im Laufe des zwanzigsten Jahrhunderts wunderbar erweitert haben. Der andere Gesichtspunkt ist unsere innere Erfahrung, die jenseits der Sinne liegt und dennoch einen ebenso wirklichen und wichtigen Teil unseres Gesamterlebens ist. Dieser Aspekt hat mit dem Verstehen der Fragen zu tun, warum wir leben, wofür und wohin unser Leben führt. Diese Seite wurde traditionsgemäß von der religiösen Suche des Menschen ausgefüllt, von seinen religiösen Erlebnissen und

---

50. TDU, Band 2, *The Foundations of Moral Philosophy*.

seinem Glauben. Wir wollen nun die Frage, ob und wie das Risiko in unser Weltbild eintritt so untersuchen, dass wir dabei voll in Betracht ziehen, was wir von der Sinneserfahrung lernen und auch was wir jenseits jeder Sinneserfahrung fühlen und hoffen.

Ich will zuerst die Welt der Natur betrachten und alles, was wir von ihr wissen können, das heißt die natürliche Ordnung, wie sie von der Naturwissenschaft erforscht wird. Wenn wir einen Wissenschaftler fragen würden, ob es Zufall in der Welt gibt, so würde er vermutlich erwidern: »Ja, den gibt es, weil es nämlich Unsicherheit gibt.« Aber er würde den Zufall keineswegs als sinnvoll bezeichnen, sondern erklären, dass wenn es überhaupt einen Sinn gibt, dieser Sinn in den Naturgesetzen zu suchen sei. Diese Gesetze, so würde er sagen, sind unsere Berührungspunkte mit der Wirklichkeit, und sie können immer besser verstanden werden, je weiter die Wissenschaft ins Unbekannte vordringt. Er würde behaupten, dass dieser Sinn nur in der Welt der Gesetze zu finden sei, denn die Welt des Zufalls sei sinnlos und je ungewisser ein Wissensgebiet ist, umso sinnloser sei es auch.

Wenn wir dem Wissenschaftler unser Verständnis näher bringen könnten, dass es im existierenden Weltall auch einen Platz für das Risiko gibt, dann würde er uns antworten, dass es zwar einen Platz für Gesetze gibt, für Wahrscheinlichkeit, für Zufall, nicht aber für jene sinnvolle oder zweckvolle Form des Zufalls, die wir Hasard nennen. Jede Art des Zufalls wird als sinnlos oder zwecklos angesehen. Sollten wir aber weiter auf dieser Frage bestehen und den Wissenschaftler bitten, uns nun zu sagen, wie denn diese Welt aussehen würde, die von allem Risiko frei ist, das heißt, in der kein Platz für bedeutungsvollen Zufall und Unsicherheit ist, dann würde er wahrscheinlich eine der drei folgenden Antworten geben. Erstens: Die Welt ist frei von Hasard, weil sie still steht, nirgendwo herkommt und nirgendwo hingeht. Zweitens: Die Welt ist von allem Risiko frei, weil sie sich unabänderlich auf ein vorherbestimmtes Ziel zu bewegt. Drittens: Die Welt enthält keinen Risikofaktor, weil sie von blindem, sinnlosem Zufall ohne Bewusstsein und Intelligenz beherrscht wird, und das gilt für jeden Maßstab.

Ich möchte nun mit Ihnen diese drei möglichen Antworten auf die Frage »Kann es eine Welt geben, in der es kein Risiko gibt?« näher betrachten. Sie müssen sich darüber im Klaren sein, dass wir es hier mit sehr schwierigen philosophischen Fragen zu tun haben, die die Philosophen und Wissenschaftler jahrhundertelang beschäftigt haben. Ich glaube aber trotzdem, dass wir sie in einer verhältnismäßig einfachen Weise behandeln können. Ich mache keinen Versuch, sie mit derselben strengen Präzision zu untersuchen, wie ein Philosoph es tun würde, sondern begnüge mich damit, die Gedankenlinien anzudeuten, denen die Leute folgen, wenn sie versuchen, die Welt als wissenschaftliches Phänomen zu erklären.

Betrachten wir zunächst die Ansicht, dass es kein Risiko in der Welt gibt, weil sie statisch sei. Ich verstehe darunter, dass jeder Vorgang bei Beendigung auch völlig abgeschlossen ist und an sich keinerlei Vergangenheit oder Zukunft hat. Er kommt nirgendwo her und geht nirgendwo hin. Jedes Geschehen, ob groß oder klein, ist ein vollkommener Kreislauf. Zwar ist die Gegenwart auf eine gewisse Weise durch die Vergangenheit vorausbestimmt, aber diese Bestimmung verleiht keinerlei Sinn oder Bedeutung, noch gibt sie irgendeine Richtung vor. Es ist nun einmal so, dass in der bekannten materiellen Welt, die von allgemeingültigen Gesetzen geregelt wird, immer nur ein bestimmter Vorgang geschehen kann. Im Endeffekt bedeutet dieser Standpunkt, dass nichts von Bedeutung geschehen kann. Der Mensch ist in diesem Weltbild ein eigenartiger, belangloser Außenseiter, der einem Schauspiel zusieht, das keinen Sinn hat und in dem tatsächlich nichts wirklich geschieht.

Eine stillstehende Welt kann aber auch so betrachtet werden, als ob sie sich in wirklichen Zyklen bewegt. So dachten die alten griechischen Philosophen, die Vorsokratiker. Ihre Vorstellung einer Welt, die sich in geschlossenen Zyklen bewegt, die sich ewig wiederholen und nirgendwo hingelangen, ist in den letzten tausend Jahren mehrmals wieder aufgetaucht. Sie ist eine der Formen der so genannten pessimistischen Philosophie, die die Welt als richtungslos ansieht und darum auch frei von Furcht oder Hoffnung. Der Gedanke geschlossener Kreise, in denen alles in sein eigenes Geschehen eingeschlossen ist, würde zwar eine Welt ohne Hasard, aber leider auch eine Welt ohne Sinn und Bedeutung sein.

Es gab auch eine Zeit, in der die Menschen glaubten, dass die Zeit an sich keine Richtung habe und sie dennoch Sinn in ihrem Leben finden könnten. In den letzten hundert Jahren hat man dieses Bild von geschlossenen Zyklen, die sich unendlich wiederholen, aus zwei Gründen wieder fallen gelassen. Einer der Gründe hängt mit dem allgemeinen Zerfall, mit dem Prinzip der Entropie, zusammen, wonach jeder Energieaustausch zu vermehrtem Verfall und Unordnung führt. Der andere Grund, dem ersten scheinbar ganz entgegengesetzt, ist das Evolutionsprinzip, das seit Darwin fast überall angenommen worden ist. Dieses Evolutionsgesetz besagt, dass die Naturordnung – oder wenigstens das Leben auf der Erde – sich auf einen höheren Organisationszustand hinentwickelt.

Beide Gesetze, sowohl das der Entropie wie auch das der Evolution, widersprechen dem Begriff einer stillstehenden Welt, die keinerlei Richtung einschlägt, sondern sich nur ewig wiederholt. Ich glaube daher, dass der Ausschluss des Risikos durch die Ansicht, die Welt sei statisch, sich selbst wiederholend oder geschlossen, heute nicht mehr ernsthaft vertreten wird – jedenfalls von keinem, der über diese Dinge ernstlich nachgedacht hat.

Die zweite Erklärung für eine Welt ohne Risiko ist, dass sie vorausbestimmt sei und auf ein festgelegtes Ziel hinstrebe – festgelegt, weil sie von Gesetzten regiert wird, die man als allgemeingültig und unabänderlich ansieht. Das ist vermutlich die Grundlage für die wissenschaftliche Ansicht, dass die Welt zwar erklärt, aber natürlich nicht verstanden werden könne, ohne Begriffen wie »Sinn« und »Zweck« einen Platz einzuräumen.

Im Gedanken einer vorherbestimmten Bewegung auf ein feststehendes Ziel hin gibt es jedoch einen Faktor, der nicht mit unserer Erfahrung übereinstimmt. Diejenigen, die vom Evolutionsgedanken am festesten überzeugt sind, geben heutzutage zu, dass die Evolution ein ungewisser, unvorhersehbarer Vorgang ist. In den zwei bis drei Milliarden Jahren, in denen es Leben auf der Erde gegeben hat, gab es auch manchen Fehlstart und manche Sackgasse, und das Leben musste einen neuen Weg finden. Immer war es ganz ungewiss, ob ein bestimmter Weg der Entwicklung auch weiterführen würde. Statt von einer determinierten, unabänderlichen Bewegung auf ein Ziel hin, spricht man jetzt von einer Art ungewissem Zickzackweg. Und die Biologen fragen sich sogar, ob die Evolution auf dieser Erde nicht vielleicht zum Stillstand gekommen sei. Ganz offen drückt man einen Zweifel aus, ob die Evolution, nachdem sie nun bis zur Menschheit gelangt ist, auch noch weitergehen wird – ob der Mensch vielleicht alle anderen Lebensarten und am Ende sogar sich selbst vernichten werde.

Die bloße Tatsache, dass solche Fragen überhaupt ernstlich gestellt werden, zeigt, dass der Gedanke einer vorherbestimmten, risikolosen Welt heutzutage einfach nicht mehr als stichhaltig angesehen wird. Ganz im Gegenteil, das Wort Hasard wird heute recht oft benutzt, wenn man vom Verlauf des Evolutionsprozesses spricht. Die Idee der biologischen Spielarten und der natürlichen Auslese durch den Kampf ums Überleben enthält ein Risikoelement. Das Risiko wäre nur aufgehoben, wenn es eine Gewissheit gäbe, dass aus allen Zufallsvariationen schließlich ein klarer Fortschritt auf ein vorausbestimmtes Ziel hervorgehen müsste. Aber heutzutage erwartet das niemand mehr; ganz im Gegenteil, es wird anerkannt, dass über die Richtung, die die Evolution einschlagen würde, immer große Ungewissheit geherrscht hat. Vielleicht ist die Ungewissheit am größten, seit der Mensch aufgetreten ist. Und so glaube ich, dass die Ansicht, eine zwangsläufige Entwicklung auf einen bestimmten Endpunkt hin würde alles Risiko ausschalten, heute nicht mehr haltbar ist.

Verstehen Sie bitte ganz klar: Wenn man zugibt, dass über die Richtung, in der die Entwicklung geht, eine bestimmte Ungewissheit herrscht, und man gleichzeitig an dem Glauben festhalten will, dass es einen Fortschritt gibt, dann führt dies zu dem Schluss, dass ein Risikofaktor hineinspielt. Wenn wir glauben, es gäbe eine bestimmte Richtung, in der das Leben gegangen ist und geht, es jedoch ungewiss sei, ob es ihm gelingen wird, diese Richtung einzuhalten, dann wird damit einer sinnvollen Chance Raum gegeben. Das ist eine Beschreibung des Risikos – und nicht einer Welt, in der es kein Risiko gibt. Selbst wenn die Ungewissheit relativ klein und örtlich bliebe, wenn man sie zum Beispiel auf das Leben auf der Erde beschränkte und annähme, das Weltall als Ganzes bewege sich stetig auf ein Entwicklungsziel hin, ist immer noch wirkliches Risiko vorhanden; denn wenn es an irgendeinem Ort Risiko gibt, muss es überall in Erscheinung treten. Die Möglichkeit, dass ein Teil des Evolutionsprozesses schiefgehen kann, bedeutet, jeder andere Teil kann auch fehlgehen, denn es ist unmöglich zu garantieren, dass das Risiko eines Fehlschlags sich nicht eher ausdehnen könne, als sich zu vermindern oder begrenzt zu bleiben.

Sie mögen nun den Eindruck gewonnen haben, ich hätte hier künstlich eine Theorie aufgestellt, nur um sie wieder umzustoßen. Die meisten von denen, die heute an die allgemeine Evolution glauben, würden bestreiten, dass sie ein vorherbestimmtes Ziel oder einen Endpunkt voraussetzen, auf den die Evolution zustrebt. Als der Jesuit und Anthropologe Pierre Teilhard de Chardin den

Begriff des Omega-Punktes als das Ziel organischer Entwicklung einführte, fanden viele diese Idee revolutionär und gleichzeitig befremdend. Im Allgemeinen wurde sie jedoch positiv aufgenommen, sogar von antireligiösen Biologen, die Teilhard de Chardins christlichen Glauben nicht teilten.

Wenn wir uns fragen, wieso etwa Leute wie der englische Biologe Julian Huxley von Chardins Arbeit beeindruckt waren, so können Sie, glaube ich, leicht den Grund dafür sehen. Die Ansicht, die Evolution habe kein Ziel und keine Richtung, nimmt dem Begriff jeden Sinn. Wir können das erkennen, wenn wir versuchen, den Fortschritt überzeugend zu definieren. Falls Sie Julian Huxleys großes Buch über die Evolution gelesen haben[51], dann wissen Sie, dass er sehr offen auf die Schwierigkeit eingeht, eine Definition der Idee des Fortschritts zu finden, die wirklich überzeugend ist. Teilhard de Chardin bringt dagegen eine stichhaltige Definition der Evolution in seiner Idee der Noosphäre und des Fortschritts auf den Endpunkt eines völlig bewussten und vergöttlichten Weltalls hin.

Ich bin der Ansicht, dass wir den Gedanken an einen Endpunkt in unsere Betrachtungen einführen müssen, wenn wir schon den Begriff einer Richtung zulassen. Dann können wir nicht mehr sagen, der Prozess sei sinnlos, denn Ziele stellen das innerste Wesen der Bedeutung dar. Viele nehmen einen derartigen Gedanken mit großer Befriedigung auf, weil er ihnen erlaubt, von Sinn und Bedeutung in der Welt zu sprechen, ohne einen Plan oder Zweck erwähnen zu müssen, denn diese Begriffe würden sie als »mystisch« oder »transzendental« ansehen. Aber gerade das ist wesentlich: Sobald man eine sinnvolle Richtung annimmt und zugleich die Unsicherheit akzeptiert, ob diese Richtung auch eingehalten werden kann oder nicht, und die Ungewissheit, ob das Ziel erreicht werden kann oder nicht, dann hat man genau das, was ich als eine Situation des Hasards definiere.

Es gibt noch eine Möglichkeit, wie man vom Risikobegriff loskommen könnte: indem man bestreitet, dass es so etwas wie eine Richtung oder ein Ziel überhaupt gibt. Das braucht an sich nicht zu bedeuten, die Welt stehe still oder sie drehe sich ewig im Kreis. Man kann statt dessen auch sagen, sie verfolge ihren Weg blind-

---

51. Julian Huxley: *Wunderbare Welt der Evolution,* Die Entwicklung des Lebens vom Einzeller zum Menschen, Herder, Freiburg i. Br. 1970.

lings und in ihrem blinden Tasten strebe sie irgendwie auf eine Ordnung zu, die sich aus ihren zufälligen, zweckfreien Bewegungen ergibt. Dies ist das Weltbild, wie es uns heutzutage vorwiegend von Biologen und Wissenschaftsphilosophen vorgesetzt wird. Wir haben jedoch bereits gesehen, dass uns dieses Bild nicht weiterhilft zum Verständnis, wie die unermessliche und ordentliche Struktur des Lebens auf der Erde angefangen und sich entwickelt haben könnte. Und wir müssen diese Frage nicht nur in Bezug auf die Erde stellen, sondern den ganzen Kosmos mit einbeziehen. Können wir wirklich bestreiten, dass es so etwas wie objektive Ordnung gibt? Können wir ernstlich die Behauptung aufstellen, dass die Welt ein sinnloses Chaos ist, in die erst wir Menschen – selber nur das Ergebnis einer Maximalkombination blinder Zufälle – eine von uns erfundene Struktur von Ordnung und Gesetzmäßigkeit hineinbringen? Können wir wirklich glauben, dass es keine geordneten Strukturen wie Lebewesen, materielle Dinge und Atome gibt, die heute von Wissenschaftlern sogar als höchst kunstreiche und komplizierte Gebilde angesehen werden?

Ich möchte Ihnen damit verdeutlichen, dass es in einer Lehre vom »blinden Zufall« und einer sinnlosen Welt keinen Kompromiss geben kann. Sobald wir zugeben, dass es irgendeine Art der Ordnung gibt, dann haben wir schon eine geteilte Welt, die – wie wir gesehen haben – Risiko mit sich bringen muss. Wenn wir an der Lehre festhalten wollen, die Welt sei sinnlos und unintelligent, dann müssen wir jede Art eines ordnenden Prinzips ausschließen. Das mag Ihnen seltsam vorkommen; es folgt jedoch logisch und unumstößlich, wenn man die Theorie vertritt, dass es kein sinnvolles Risiko gibt. Wenn wir annehmen, es gäbe nur zwei Theorien (eine, die einen Schöpfer voraussetzt, der die Welt zu einem bestimmten Zweck geschaffen und ihr Eigenschaften gegeben hat, die für diesen Zweck erforderlich sind, und eine andere Theorie, die den Schöpfer ablehnt und an seiner Stelle eine zweckfreie Welt annimmt), dann können wir diese zweite Alternative nicht dadurch rechtfertigen, dass wir annehmen, es gäbe Formen und Ordnungen, Gesetze und Prinzipien, die außerhalb unseres eigenen Verstandes existieren. Alle diese Formen – es sei denn, sie wären das Ergebnis blinder und zufälliger Veränderungen – müssen von einer Quelle herstammen, einer intelligenten Quelle, die einen Zweck verfolgt.

Wir sind somit durchaus berechtigt, strikten Atheismus als die Lehre anzusehen, die besagt, die Welt habe weder Anfang noch Ende, weder Sinn noch Form, auch keine Gesetze, nur blinde zufällige Veränderungen. Eine Lehre dieser Art würde die uns bekannte Welt so erklären: »Innerhalb unbegrenzter Zeit kann schließlich alles, wie unwahrscheinlich es auch sein mag, durch blinden Zufall zustande kommen, einschließlich eines selbstregulierenden Mechanismus, wie etwa des Lebens auf der Erde.«

Sie müssen verstehen, dass es viele Menschen gibt, die der Ansicht sind, wir müssten das Universum genau so betrachten, wenn wir nicht in eine Art Mystik hineingezogen werden wollen oder aber in ein Zugeständnis, dass es einen Schöpfer und eine zweckvolle Schöpfung gebe. Ihrer Ansicht nach würde der Glaube an eine zweckvolle Schöpfung bedeuten, dass man das Wirken der Naturgesetze verneinen müsse. Das Problem liegt darin, dass eine Lehre von völligem Chaos sogar mechanischen Gesetzen – Gesetze, die wir beobachten und als wissenschaftlich bewiesen ansehen – keine objektive Bedeutsamkeit zuerkennen kann. Nach dieser Ansicht sind sie nichts weiter als unsere eigene subjektive Auslegung. Diese Leute sagen, dass wir die Welt in Begriffen wie Schwerkraft, Energie, Entropie, Leben, Organisation und so weiter beschreiben, weil wir diese Begriffe in die Welt hineintragen. Die Lehre vom blinden und sinnlosen Zufall bestreitet, dass es irgendetwas gibt, das diesen Begriffen entspricht; es gibt für sie nichts als den Zufall, und dieser setzt sich aus Verbindungen innerhalb eines Ursprungszustandes vollkommener Zerstreuung zusammen. Und in diesen Urzustand werde die Welt, nach Ansicht der meisten Vertreter dieser Lehre, am Ende zurückkehren. Sie sei aus dem Chaos entstanden, gehe nirgendwohin und kehre ins Chaos zurück.

Eine große Schwierigkeit dieser Ansicht ist, dass sie zur Schlussfolgerung führt, dass dieser subjektive Mensch – dieser Mensch, der seine eigenen Ordnungsbegriffe in die Welt projiziert – selbst keinen Platz in ihr hat. Wir müssen sogar so weit gehen, unsere eigene Existenz zu verneinen. Wie dreist jemand auch immer behaupten möge, es gäbe kein Bewusstsein, man könne die Welt nicht verstehen und nichts über sie lernen, es bleibt dennoch wahr, dass wir etwas suchen, dass wir versuchen, die Welt zu verstehen und aus unserer Erfahrung immerhin einen gewissen Sinn ziehen. Hier haben wir das Gegenteil der vorher erwähnten Schwierigkeit, nämlich dass in einer Welt vollständig unbedeutender, sinnloser und zufälliger Geschehnisse, die aus dem Nichts kommt und ins Nichts geht, tatsächlich kein Platz ist für den Menschen und seinen Verstand. Und es ist schwieriger, das Dasein des Menschen und seinen Verstand zu leugnen – was ja sein Nachdenken über das Universum einschließt – als die Existenz des Universums selbst.

Sobald wir Verstand und Vorsatz akzeptieren, die es im Menschen ja beide gibt, bringt dies eine Teilung in die Welt: Es gibt dann einen Teil, der Verstand und Absichten hat, und einen anderen, von dem wir annehmen, er habe das nicht. Wie klein aber diese Menschheit im Verhältnis zum Weltall sein mag, sie ist nun einmal da: Es gibt Milliarden von Menschen, der Mensch hat mindestens eine Million Jahre lang auf der Erde gelebt und es ist anzunehmen, dass er auch in Zukunft noch eine Zeit lang auf ihr leben wird. Wenn also Verstand und Zweck vorhanden sind, dann gibt es hier einen Bereich, ein Gebiet, von dem man annehmen muss, dass es sich vom Rest unterscheidet.

Es ist sehr wichtig, diesen Punkt zu verstehen. Wenn es zwei verschiedene Daseinszustände gibt, zwei verschiedene Phasen, dann muss es auch eine Grenzlinie zwischen ihnen geben, die sie auseinanderhält. Denn sonst müsste ja Verstand in den Unverstand eindringen können und umgekehrt. Wenn es aber eine Grenzlinie zwischen Verstand und Unverstand gibt, kann das zwei verschiedene Dinge bedeuten. Entweder sind diese beiden Zustände völlig voneinander getrennt; in diesem Falle kann der Verstand von der verstandeslosen Welt nichts wissen, und alles wäre nur subjektive Illusion. Oder aber es besteht eine Wechselwirkung zwischen ihnen; und sobald es eine Wechselwirkung zwischen Verstand und Verstandeslosigkeit gibt, muss auch Risiko vorhanden sein, denn der Verstand ist sinnvoll und der Nichtverstand sinnlos. So haben wir wieder eine Situation, die wir als Risikolage bezeichnen. In jeder Lage ist es unmöglich, im Voraus festzustellen, ob der Verstand über den Unverstand siegen wird oder ob der Unverstand in den Verstand eindringen und ihn überwältigen wird.

Nun können wir aber in unserer Erfahrung beobachten, dass dieser Konflikt zwischen Verstand und Unverstand allgegenwärtig ist; und genau hier taucht das Risiko in unserem persönlichen Dasein auf. Wir müssen hier noch einmal betonen, dass wenn ein derartiges Risiko irgendwo auftaucht, es nicht zu verleugnen ist, dass es ein wesentlicher Bestandteil der Welt ist. Wenn das Risiko existiert, muss es zwischen Verstand und Unverstand eine Wechselwirkung geben. Diese ist aber nur möglich, wenn der Unverstand eine gewisse Affinität zum Verstand hat. Das halten die meisten Menschen auch tatsächlich für richtig. Wir glauben wirklich, dass wir in unserer eigenen geistigen Erfahrung nach Ordnung, Sinn, Zweck, Verständnis und Organisation suchen; und so finden wir auch Spuren – manchmal sehr deutliche Anzeichen derselben Eigenschaften – in der Welt des Unverstands. Wir finden keinerlei Beweismaterial für die Ansicht, dass die Wirklichkeit ein völlig sinnloses Chaos ist. Im Gegenteil, unsere Erfahrung zeigt uns eine weitgehend gegliederte, hoch organisierte Welt, die überall Spuren von Intelligenz aufweist. Auch wenn wir nun sagen, dass all dieses nur eine vom Menschen selbst hineingetragene Illusion sei, beweisen diese wundervolle Symbiose des organischen Lebens auf der Erde, die fantastische Weise, wie Pflanzen- und Tierleben in komplizierter gegenseitiger Abhängigkeit miteinander verbunden sind, und die innere Organisation jedes Lebewesens das Gegenteil. In allem ist etwas, was wir verstehen und worüber wir nachdenken können; alles hat einen Plan, einen systematischen Aufbau. Wie können wir sagen, das sei alles Unsinn, es gäbe keine Organisation, keinen Plan, keine Struktur – nichts als blinde, sinn- und zwecklose Vorgänge, die aus dem Nichts kommen und wieder ins Nichts gehen?

Es reicht nicht, darauf hinzuweisen, dass es zu Anfang, als das Leben auf der Erde zum erstenmal auftrat, nur eine seelenlose, sinnlose, zwecklose Wechselwirkung zwischen Atomen gab, danach aber Sinn und Zweck auf der Erde erschienen, weil ja irgendwo eines aus dem anderen entstanden sein muss. An jenem Punkte muss eine gewisse Unsicherheit geherrscht haben, wie es sich entwickeln würde. Die offensichtlich unverkennbare Tatsache, dass wir in unserer Erfahrung keine völlige Abwesenheit irgendeiner Art der Ordnung oder Organisation finden können, macht es uns unmöglich, in einer Lehre von chaotisch sinnlosem Zufall Zuflucht zu suchen.

Mit anderen Worten, wie auch immer wir die Sache betrachten – ob wir sagen, die Welt laufe auf nichts hinaus, ob wir sagen, sie habe einen definierten Endpunkt, ob wir sagen, sie sei stationär und tue nichts, oder ob wir sagen, sie sei aus blindem, bedeutungslosem Chaos hervorgegangen, scheine jetzt jedoch eine gewisse

Organisation aufzuweisen –, welche Art Welttheorie wir auch haben mögen, diese Welttheorie kann niemals konstruiert werden, ohne zu akzeptieren, dass irgendwo sinnvolles Risiko existiert, das heißt, ohne die Realität von Hasard einzugestehen.

In dieser Darlegung habe ich meine Beispiele notwendigerweise aus dem Teil des Universums gezogen, mit dem wir in Berührung stehen: unsere menschliche Erfahrung und die Art des Lebens, die wir auf dieser Erde sehen können. Nun mögen Sie einwerfen, dass wir nicht berechtigt sind, den Sprung von dieser eigenen, unmittelbaren Umgebung ins Weltall zu machen und zu behaupten, es gäbe überall Hasard. Darauf habe ich die Antwort, dass jede vernunftgemäße Denkweise zu dem Schluss führen muss, dass wenn in einem zusammenhängenden Ganzen ein Teil eine gewisse Eigenschaft aufweist, diese Eigenschaft auch jeden anderen Teil beeinflussen muss. Anders ausgedrückt: Kommt Risiko in einem Teil der Welt vor, muss es auch in jedem anderen Teil der Welt vorkommen.

Das beweist nicht viel, denn in einer Welt, die vorwiegend vorausbestimmt und genau reguliert ist, könnte das Risiko ja so gering sein, dass es als nicht vorhanden angesehen werden kann. Daher können wir nur sagen: Es scheint sehr, sehr unwahrscheinlich, dass diese Daseinsform auf der Erde – so unverkennbar risikobehaftet gemäß unserer menschlichen Erfahrung und derjenigen aller Lebewesen im Verlaufe einer dreimilliardenjährigen Geschichte – kein Beispiel sein soll für das ganze Weltall. Hier scheint es nur eine einzige sichere und vernünftige Vorgehensweise zu geben, nämlich die Annahme, dass wir uns nicht in einem einzigartigen, völlig isolierten Teil der Welt befinden, der völlig anderen Gesetzen unterworfen wäre als der gesamte Rest.

Wenn wir jetzt über die kosmische Bedeutung des Risikos sprechen, dürfen wir zunächst annehmen, dass es alles einschließt, was wir wissen und untersuchen können. Dazu möchte ich hinzufügen, dass alles, was wir wissen, alles, wozu unser Verstand bisher vordrang, alle unsere ganzen Erfahrungen zeigen, dass diese Eigenschaft, diese ungewöhnliche, sinnvolle Ungewissheit, die wir Risiko nennen, überall vorkommt. Ich bezeichne sie als »ungewöhnliche« oder »außerordentliche« Eigenschaft. Aber ist sie nicht eigentlich, wenn man alles in Betracht zieht, das wahre Herz, der wahre Kern der menschlichen Erfahrung? Leben wir nicht dauernd, in jeder Situation in einem Zustand des Risikos?

Subjektive Wirklichkeit

Im Nachfolgenden wollen wir untersuchen, ob uns diese Lehre vom allgemeinen Risiko helfen kann, die Welt, in der wir leben, besser zu verstehen. Denn wenn sie einfach nur etwas Negatives wäre, dann wäre es all die Mühe wirklich nicht wert, diese Lehre zu begründen. Ich will nun untersuchen, wie diese Lehre sich zu drei der großen Fragen unseres Lebens stellt: erstens, dem Problem der Willensfreiheit; zweitens, dem Problem des Bösen und des Leidens; und drittens, dem Problem der Religion und des Gottesbegriffes.

Zunächst die Lehre von der *Willensfreiheit*. Falls wir in einem durchweg vorbestimmten Weltall lebten, also unter Gesetzen, die keinerlei Ungewissheit zulassen, wäre klar, dass Willensfreiheit hier keinen Platz hat, denn man kann ja nicht wählen. Wie ich gesagt habe, kann das Risiko mit einem Glücksspiel verglichen werden, in dem es nicht nur offene Lücken geben muss, in die man vorwärts ziehen kann, sondern auch eine Ungewissheit, ob man überhaupt ziehen und eine leere Stelle besetzen darf. Es ist die Verbindung dieser beiden Bedingungen, die es uns erlaubt, den freien Willen auszuüben. Es muss wirklich eine Wahlmöglichkeit geben. In einem bestimmten Augenblick müssen die Wege auseinandergehen, und es muss uns möglich sein, durch einen Akt unseres Willens – also einen unabhängigen, nicht von etwas anderem verursachten Akt – den einen Weg zu wählen und den anderen Weg auszuschlagen. Nur eine solche Möglichkeit kann als Bedingung für den freien Willen oder die freie Wahl beschrieben werden.

Freie Wahl darf nicht vorausbestimmt sein; ich nehme an, dass Sie dem zustimmen. Es gibt aber auch das moderne Argument, dass die Wahl objektiv vorherbestimmt und dennoch subjektiv frei sein könne. Man kann die subjektive Illusion haben, dass man frei wählt, wozu man sich entscheidet, und tatsächlich dennoch so wählt, als ob man von einem vorbestimmten Zwang getrieben wird.[52] Ein interessantes Beispiel dafür ist die Wirkung post-hyp-

---

52. Anmerkung des Übersetzers: Die materialistische Gehirnforschung behauptet das heute vehement und führt alle Entscheidungen auf neurologische Prozesse zurück.

notischer Suggestion. Diese Art der Hypnose habe ich gesehen und auch selbst damit experimentiert. Es ist zweifellos möglich, jemandem unter Hypnose zu suggerieren, er solle gewisse Handlungen ausführen. Er handelt dann auch so, glaubt jedoch, es aus freiem Willen zu tun. Diese Handlungen mögen vollkommen sinnlos sein, und dennoch wird die Versuchsperson, solange das Experiment richtig durchgeführt wird, diese sinnlose Handlung ausführen und gleichzeitig erklären – oft laut und deutlich – warum sie all das tut, um dem Eindruck entgegenzuwirken, sie handle ungewöhnlich. Mit anderen Worten, sie redet sich ein, vernünftig und aus freiem Willen zu handeln, während sie tatsächlich unter dem Zwang einer hypnotischen Suggestion handelt, ohne es in diesem Augenblick zu wissen. Experimente dieser und anderer Art auf dem Gebiet der Experimentalpsychologie haben viele Menschen, auch Berufspsychologen, davon überzeugt, dass es überhaupt keinen freien Willen gibt, dass der Mensch wohl die Illusion der Willensfreiheit haben mag, in Wirklichkeit aber seine Handlungen im Voraus festgelegt sind, da sie eine Reaktion auf vorhergehende Ursachen und auf den Zustand des Unterbewussten sind.

Hätten wir wirklich keine Willensfreiheit, könnten wir offenbar auch nicht verantwortlich für unsere Handlungen sein. Dann wären aber auch alle sittlichen Verpflichtungen sinnlos, es gäbe weder Recht noch Unrecht und es wäre ganz vernunftwidrig zu erwarten, dass irgendjemand anders handeln sollte, als er nun einmal handelt. Unsere ganze Auffassung von der menschlichen Gesellschaft und vom menschlichen Verhalten müsste geändert werden. Da unter den Psychologen und Philosophen der positivistischen und verwandter Schulen die Ablehnung des freien Willens zur allgemein anerkannten Auffassung geworden ist, entstand der Eindruck, dass wir unsere Einstellung zum Menschen und seinem Verhalten grundlegend revidieren müssten – vor allem die Verantwortlichkeit wäre in Frage zu stellen. So wird zum Beispiel die Auffassung vertreten, dass unsere Strafgesetze unzulänglich sind, weil sie davon ausgehen, dass der Mensch, der wissentlich ein Verbrechen begeht, sich frei entschieden hat. Nach der Lehre der psychologischen Vorherbestimmung hatte er jedoch keine freie Wahl, und es ist daher unvernünftig, ihn zu bestrafen. Es wäre das Gleiche, als würde man eine Uhr bestrafen, weil sie kaputt gegangen ist.

Dieses Dilemma hat große Schwierigkeiten verursacht. Es gibt eine soziale Reformbewegung, die sich auf die Ansicht gründet, dass Handlungen, die früher als verantwortlich angesehen wurden, durchaus nicht verantwortlich sind. Aber niemand wagt, diese Lehre bis zu ihrem logischen Schluss zu verfolgen, nämlich alle Verantwortung überhaupt in Frage zu stellen – auch bei »normalen«, rechtschaffenen Menschen, die sich an die gesellschaftlichen Konventionen halten und Gutes tun, vielleicht sogar darüber hinausgehen. Wenn man die Lehre der absoluten Vorherbestimmung annähme, wüsste ich nicht, wie unser menschliches Leben geregelt werden sollte. Aber Philosophen und Theoretiker, besonders jene, die heutzutage am menschlichen Gehirn interessiert sind und an der Analogie zwischen dem menschlichen Gehirn und Computern, versuchen, die Illusion des freien Willens auf eine Weise zu erklären, die ihn nicht als eine vollkommene Illusion betrachtet, sondern ihn als eine Art örtlich beschränktes Phänomen in einer sonst völlig determinierten Welt beibehält. So wie ich es hier ausdrücke, erkennen Sie zweifellos, dass wir wieder auf eine der Vorstellungen zurückkommen, die die Welt ohne Risiko sehen.

1965 wurde auf Veranlassung des Papstes Johannes XXIII ein Kongress von Physiologen, Psychologen und Psychiatern im Vatikan einberufen, um den Zusammenhang zwischen dem Funktionieren des menschlichen Gehirns und dem subjektiven Erleben des Menschen selbst zu untersuchen. Der Zweck dieser Konferenz war, es der römisch-katholischen Kirche zu ermöglichen, sich mit den wohlbegründeten Ergebnissen physiologischer und psychologischer Forschung abzustimmen und diese in ihrer Auslegung der Menschennatur und des menschlichen Verhaltens zu berücksichtigen. Es wurden einige bemerkenswerte Vorträge gehalten. Die meisten behandelten das Gehirn und das Funktionieren des Nervensystems, aber einige handelten auch vom Problem der Willensfreiheit.

Ein Professor Mackay[53] umriss die Theorie der Funktion des subjektiven Erlebens des Menschen. Er betonte, dass die menschlichen Wert- und Glaubenssysteme sein Verhalten bestimmten. Und da der Mensch gelegentlich seine Ansichten ändert, könnte auch sein Verhalten von einem sonst vorherbestimmten Weg abweichen. Hätte ein Mensch zum Beispiel Vorwissen von dem

---

53. Anmerkung des Übersetzers: Donald MacCrimmon Mackay (1922–1987).

Ergebnis seiner Handlungen und glaubte, sie könnten Schaden verursachen, könnte ihn diese Annahme dazu veranlassen, anders zu handeln. Das würde den Anschein erwecken, er hätte eine freie Entscheidung zu einer anderen Handlung getroffen, weil er imstande gewesen sei, vorauszusehen, dass seine zuerst beabsichtigten Handlungen unerwünschte Folgen haben würden. Dies wäre trotz der Tatsache möglich, dass für jemanden, der die ganze Szene überblicken und mit größerer Kenntnis beurteilen könnte, eine freie Entscheidung illusionär gewesen wäre, weil ja seine Ansichten gleichfalls vorausbestimmt gewesen waren. Nach Mackays Modell des Menschen, seines Gehirns und seines Verstandes, würde es aber immer noch eine wirkliche Verantwortung in der Person selbst geben, auch wenn er von seinem Glaubenssystem beeinflusst wäre, auch trotz der Tatsache, dass seine Handlung objektiv vorherbestimmt war und vorausgesagt hätte werden können, und auch wenn sie eine spontane Änderung enthielt.

Ich habe dieses Beispiel so weitgehend ausgeführt, weil es einer der gründlichsten Versuche ist, objektiven Determinismus mit einer Art der Verantwortung der Menschen für ihre Handlungen in Einklang zu bringen, für Handlungen, die von ihrer Meinung bedingt sind.

Diese Theorie macht die Willensfreiheit natürlich zu einer Fiktion, und sie bedeutet, dass es in Wirklichkeit, für einen unparteiischen und hinreichend unterrichteten Beobachter keinerlei Freiheit gäbe. Dies kann uns jedoch nicht zufrieden stellen, denn es würde bedeuten, dass man den Menschen durch einen Konditionierungsprozess, der ihm neue Ansichten beibrächte, auch ein Gefühl der Verantwortung beibringen könnte. In Wirklichkeit wäre das jedoch keine Verantwortung, sondern eine vollkommen vorherbestimmte Verhaltensweise, die jemand direkt oder indirekt manipuliert hätte. Dieser andere würde natürlich unter denselben Gesetzen stehen, und sein Verhalten wäre wiederum von Ansichten bestimmt, die ihm anerzogen wären.

Ganz abgesehen von der Schwierigkeit zu sehen, wie denn der ganze Prozess anfangen würde und wie die Illusion des freien Willens zustande gekommen sein könnte, liegt hier noch eine viel ernstere Frage. Und zwar: Falls wir uns als verantwortliche Wesen betrachten sollten, mit der Fähigkeit das Leben einigermaßen selbst zu gestalten, muss es eine gewisse wirkliche Freiheit geben. Wirkliche Freiheit aber bedeutet Spontaneität – etwas, das nicht von irgendeiner vorhergehenden Ursache hervorgebracht wurde. Gerade dieser Umstand, dass wahre Freiheit spontan sein muss, macht jenen Menschen so viel Schwierigkeiten, die nur deterministisch denken können.

Der offensichtliche Widerspruch zwischen Willensfreiheit in der subjektiven Welt und Vorausbestimmung in der objektiven Welt stammt daher, dass man nicht erkennt, dass die objektive Welt selbst ein spontanes, unvorherbestimmtes Element und die subjektive, persönliche Welt ein sehr starkes Element von Determinismus und Kausalität enthält. Mit anderen Worten, in Wirklichkeit gibt es keine absolute Trennung in eine subjektive Welt mit der Illusion der Freiheit und eine objektive Welt mit völlig vorausbestimmten Gesetzen. Die beiden durchdringen einander, und obwohl diese gegenseitige Durchdringung des Subjektiven und Objektiven tatsächlich ganz offensichtlich ist, vermeiden wir es, den Folgen ins Auge zu schauen. Wenn man es jedoch so betrachtet, wie wir es hier tun, muss man zugeben, dass es in unserer subjektiven Erfahrung Momente gibt, in der die Kausalität zeitweise aufgehoben ist und es uns möglich wird, eine spontane, freie Wahl zu treffen.

Ich nehme an, Sie können auch ohne weitere Einzelheiten sehen, dass so ein Augenblick, in dem die Kausalität aufgehoben ist, ein Moment des Risikos ist. Wenn die Kausalität absolut wäre, gäbe es kein Hasard und auch nicht, wenn es keine Möglichkeit zur sinnvollen Wahl gäbe. Und eine Wahl, die vorausbestimmt wäre, wäre keine Wahl. Mit anderen Worten, es muss ein gewisses Element der Ungewissheit oder des Zufalls geben, das zweifellos seinen Sinn hat und daher Hasard genannt werden kann.

So wie ich es verstehe, werden alle Schwierigkeiten, alle Widersprüche, mit denen sich die Philosophen abgeplagt haben, alle Schwierigkeiten, um die sich die Leute sorgen, die die Entwicklung der Informatik beobachten, verschwinden, sobald man lernt, das Risiko zu erkennen, das sich durch die ganze existierende Welt zieht. Wenn wir diese seltsamen Berichte hören, von Maschinen, die müde und überreizt werden und anscheinend die Aufgaben nicht mehr ausführen, für die sie gebaut worden sind, können wir auch sehen, wie es offensichtlich sogar in der Welt der Maschinen das Element des sinnvollen Zufalls gibt. Das mag weit hergeholt erscheinen, wenn wir aber auf uns selbst zurückkommen, zu unserem eigenen Gehirn, Verstand und Willen, zu unserer eigenen

Verantwortlichkeit, dann wird es sehr wichtig und sieht durchaus nicht mehr unvernünftig aus.

Wir müssen an der Idee der Willensfreiheit festhalten, denn lassen wir sie fallen, dann verschwindet auch alle Verantwortlichkeit, alles, was das Leben lebenswert macht. Und tatsächlich gibt auch niemand den Glauben daran völlig auf, dass wir wirklich auf irgendeine Weise wählen. Aber sehr wenige denken dieses Problem konsequent zu Ende. In einer Welt, die so gänzlich geordnet und von Gesetzen geregelt ist, muss das bedeuten, dass es Punkte der Ungewissheit gibt, an denen Ursache und Zweck aufgehoben sind, Punkte der Freiheit und des Risikos. Ich bin davon überzeugt, dass Risiko und Willensfreiheit untrennbar miteinander verbunden sind und dass das Problem des freien Willens mit der Anerkennung des Risikos aufhört, ein Problem zu sein.

Nun wollen wir uns an das zweite der großen kosmischen Rätsel machen, nämlich an das *Problem des Bösen und des Leidens,* das in unserer Zeit besonders brennend ist. Das Böse ist möglicherweise *die* Kernfrage, um die sich alles andere dreht. Falls es so etwas wie das Böse nicht gibt, kann es auch so etwas wie das Gute nicht geben, und dann gibt es keine Wahl und keinen Maßstab, nach dem man urteilen könnte. Falls es keinen Unterschied zwischen rechten und unrechten Handlungen gibt, gibt es auch keine Verantwortung. Aber wie kann das Böse in einer wohl regulierten Welt überhaupt in Erscheinung treten? Heute versucht man meistens, diese Schwierigkeiten zu umgehen, indem man die Wirklichkeit des Bösen überhaupt in Abrede stellt. Was wir »das Böse« und »das Leiden« nennen, so sagt man, seien nur physiologische Zustände. Das Leiden sei wohl wirklich, es sei aber nichts weiter als eine Erkrankung des Nervensystems, und das Gefühl des Bösen sei nichts mehr als die seelische Reaktion, die eine Nervenkrankheit begleite. Dieser Ansicht nach ist Gesundheit gleichbedeutend mit »gut« und Krankheit gleichbedeutend mit »böse«.

Diese Art der Vereinfachung bringt jedoch große Widersprüche mit sich, denn wie wir aus unserer Erfahrung wohl genug wissen, kann aus Leiden sehr viel Gutes entstehen. Und manchmal entsteht Schlimmeres, wenn man dem Leiden aus dem Weg geht oder wenn es gar aufhört. Wir wissen wohl, dass die Welt nicht einfach zweigeteilt ist: auf der einen Seite alles Gute, Gefällige, Gesunde und auf der anderen Seite alles Böse, Unangenehme und Ungesunde. Diese Ansicht ist ein Aspekt des Problems des Bösen. Der andere Aspekt liegt in der tiefen Abscheu, die in uns aufsteigt angesichts der Auffassung, dass es keinen Unterschied gäbe zwischen Gut und Böse, dass Grausamkeit und Unterdrückung und andere schreiende Manifestationen des bösartigen Willens dasselbe sein sollen wie die edelsten Manifestationen eines gut gearteten Willens, wie Geduld, Güte und Barmherzigkeit.

In unserem Jahrhundert können wir dem Problem des massiv Bösen, des Bösen von weltweiter Tragweite, nicht mehr entfliehen. Es gibt mächtige, reiche Nationen, die sich eines noch nie dagewesenen Wohlstands erfreuen, wohlgenährt, gepflegt und gebildet. Gleichzeitig sehen wir, wie riesige Gebiete und große Teile der Weltbevölkerung von diesen Vorteilen ausgeschlossen sind, dazu verurteilt, ein elendes, halbmenschliches Dasein zu fristen, hungernd und ohne nur die dürftigsten Notwendigkeiten – während die Reichen, darüber bestens informiert, doch nichts hergeben, nicht einmal von ihrem Überfluss, um den Armen zu helfen, es sei denn, diese Hilfe dient ihrem eigenen Vorteil. Wir haben zu unseren Lebzeiten Massenmorde mit angesehen, die durchaus beabsichtigt waren und deren Ziel Selbstvergrößerung und Machterweiterung waren.

Wir sehen das alles, und niemand kann es beiseite schieben und sagen: »Solche Dinge geschehen schließlich täglich; sie sind nichts weiter als die physiologischen Begleiterscheinungen guter und schlechter Verdauung oder guter und schlechter Gesundheit.« Nein, wir müssen eine Antwort auf die Frage finden, wie es denn kommen kann, dass mit einer Menschennatur, die so konstruiert ist wie die unsere, solche massiven Abweichungen von dem, was wir als eine normale menschliche Lebensweise ansehen, überhaupt möglich sind. Wir sehen diese Beispiele natürlich nicht nur auf der großen Skala des Verhaltens ganzer Nationen und Völker, wir können in unserer eigenen Erfahrung sehen, wie der Egoismus die Nächstenliebe zur Seite stößt – und diese Erfahrung wird von mehreren Milliarden Menschen auf der Welt geteilt.

Niemand kann diese Frage beiseite schieben oder sie den Spekulationen der Philosophen überlassen. Aber gerade weil es so verzweifelt schwierig zu verstehen ist, schließen wir es gewöhnlich von unseren Gedanken aus. Soweit wir können, tun wir ein bisschen Gutes, oder wir kümmern uns nicht weiter um das ganze Problem und entschuldigen uns damit, dass wir ja schließlich unser eigenes

Leben leben müssen. Wir dreschen sogar Phrasen wie »Nächstenliebe beginnt zu Hause« oder »Unsere erste Pflicht gilt denen, die unmittelbar von uns abhängig sind« oder gar »Eine Lebensweise, die wir als wertvoll und notwendig für die ganze Welt ansehen, müssen wir beschützen, und um dies zu tun, sehen wir uns leider gezwungen, ganz gegen unseren Willen, das Leben und die Besitztümer von Millionen anderer Menschen zu zerstören.« Wenn wir aber all dies gesagt und getan haben, bleibt da noch immer das Problem übrig: Wie können wir ein annehmbares Weltbild konstruieren, das sich der Realität des Bösen stellt?

Hier müssen wir zunächst bemerken, dass so ein Weltbild nicht wissenschaftlich sein kann. In der Wissenschaft gibt es nichts »Böses«. Immer wieder müssen wir hören, dass die Wissenschaft sich nicht mit Werturteilen abgibt. Die Wissenschaft sucht nach Wissen, sie sucht nach Macht, und zwar Macht nicht nur im Sinne der Herrschaft des Menschen über die Natur. Sie sucht nach Wissen und nach erfolgreichen Handlungsmethoden; sie sucht jedoch nicht nach Antworten auf die Frage, warum wir denn irgendetwas wissen sollten oder was wir denn tun sollten. Dennoch bringt die Wissenschaft ein Weltbild zustande. Sie behauptet, dieses Weltbild sei die objektive Wirklichkeit. Dieses Weltbild, welches uns ein Universum zeigt, das von Gesetzen geregelt wird – also jedes beliebige der Universen, die wir besprochen haben –, hat keinen Platz für das Böse. In so einer Welt kann man das Böse nicht einmal beschreiben. Das verursacht vielen Wissenschaftlern Besorgnis und Unruhe, denn sie fühlen sich zwischen zwei Seiten ihrer Natur hin- und hergerissen: Eine Seite schreit danach, man solle doch Mittel finden, das Böse zu bekämpfen, während die andere ihnen sagt, dass das Böse einfach nicht existieren kann, dass es eine Illusion sein muss.

Das Böse als eine Illusion abzulehnen, ist ein sehr alter Ausweg. Immer wieder haben die Menschen in der Vergangenheit versucht, das Problem auf diese Weise zu beseitigen, oder aber sie haben vom Bösen gesprochen, als ob es nichts als die Abwesenheit des Guten sei, und dann geglaubt, das sei eine vernünftige Erklärung. Das setzt jedoch voraus, dass die Idee des Guten an sich eine Bedeutung haben könnte, auch wenn es keinerlei Konflikt zwischen Recht und Unrecht in der Welt gäbe. Wenn das Böse aber nichts weiter ist als die Abwesenheit des Guten, wenn der Begriff keine moralische Bedeutung hat, dann ist das Gute wieder einmal nichts außer guter Gesundheit; und das bedeutet folgerichtig, die Welt sei wohl geordnet. In diesem Falle verringert sich das Problem von Gut und Böse einfach auf den Konflikt zwischen Ordnung und Unordnung: Gut ist Ordnung, Böse ist Unordnung.

Aber irgendetwas stimmt hier nicht, denn wir wissen ja ganz genau, dass alles, was in unserem Leben interessant und anregend ist, was ihm Sinn und Zweck gibt, gerade dem sehr wirklichen Konflikt zwischen Ordnung und Unordnung entspringt. In einer vollkommen geordneten Welt würde es nichts Anregendes geben, kein Interesse, keinen Zweck. Das ist schließlich der Grund, warum wir Utopien ablehnen und uns nicht mit der Idee einer vollkommen geordneten Gesellschaft zufrieden geben, in der jedermann genau das täte, was von ihm verlangt würde, nicht mehr und nicht weniger. Wenn unser Körper so gesund wäre, dass er nicht alterte, sondern ewig weiterlebte würde, würden wir alles Interesse verlieren. Sobald wir uns das Gute als gleichbedeutend mit vollkommener Ordnung vorstellen, sehen wir, dass diese Art des Guten nicht das ist, was wir wirklich meinen. Was wir wirklich meinen, wenn wir vom Guten sprechen, ist nicht der Zustand statischer Vollkommenheit, sondern das Streben nach etwas Besserem. Sobald wir es uns aber als ein Streben vorstellen, bringen wir schon wieder die Idee von Gut und Böse herein, von Streben und Nichtstreben, von Streben und Widerstand oder auch von der Weigerung, nach etwas zu streben.

Entwerfen wir aber ein Weltbild, in dem Gut und Böse eine Bedeutung haben sollen und wo sie Wirklichkeit besitzen, dann müssen wir auch einsehen, dass diese Welt nicht völlig vorherbestimmt sein kann. Eine solche Welt sucht ihr Ideal nicht in einer vollkommenen und statischen Ordnung. Eine Welt, in der Gut und Böse eine Bedeutung haben, muss eine Welt sein, in der es Risiko gibt.

Dann müssen wir uns aber auch fragen, ob es denn möglich ist, dass Menschen, die die freie Wahl haben, in eine Welt des Risikos geworfen sind, ohne dass dieses Risiko auch die Möglichkeit einschließt, eine falsche oder schädliche Wahl zu treffen? Eine falsche Wahl kann zum Beispiel zwischen zwei Dingen getroffen werden, die im Augenblick der Wahl beide gut aussehen. Es mag sein, dass man ein geringeres, vergängliches Gut wählt und ein größeres, dauerhaftes verwirft; es könnte eine Wahl sein, die nur Vorteile für den Einzelnen bringt und damit das Gute einer großen Anzahl Menschen vorenthält. In diesem Falle mag die Wahl in vollem Bewusstsein geschehen; sie ist dennoch eine üble Wahl. Ich muss hier bemerken, dass die Frage, ob Menschen das Böse bewusst oder unbewusst wählen – etwa in voller Kenntnis, dass es böse ist, oder auch gerade, weil es böse ist –, ein anderes Problem darstellt, das nicht hierher gehört. Hier beschäftigen wir uns mit dem Platz des Risikos in einer Welt, in der der Mensch die freie Wahl hat; und ich bin der Meinung, dies bedeutet, dass der Mensch auch imstande ist, eine böse Wahl zu treffen. Wenn wir es auf kosmischem Maßstab betrachten und bejahen, dass Hasard überall vorkommt und die Freiheit auch anderswo Bedeutung hat als nur im Menschen, dass es auch höhere und größere Freiheiten geben kann, die jedoch immer innerhalb des existierenden Weltalls liegen und somit dem Risiko unterworfen sind, dann können falsche Entscheidungen auch auf einem sehr viel größeren Maßstab möglich sein, als wir Menschen sie zu treffen oder auch nur zu begreifen vermögen.

Göttliche Wirklichkeit

Durch Überlegungen dieser Art bin ich zur Schlussfolgerung gekommen, dass alles Dasein nicht nur vom Risiko durchdrungen ist, sondern auch von der Sünde, und das Universum daher dringend der Erlösung bedarf. Diese These habe ich im zweiten Band meines Werks *The Dramatic Universe* angedacht, sie aber nicht detailliert ausgearbeitet. Sie ist relevant in Bezug auf die Frage der universalen Bedeutung von Hasard. Ich bin mir ziemlich sicher, dass es keine Möglichkeit der Sünde gäbe, weder im privaten Leben noch auf der größeren Ebene der Menschheit, wenn Hasard nicht überall eine Rolle spielen würde. Erwähnen wir aber das Wort »Sünde«, so sind wir auch schon auf dem Gebiet der Theologie, und dies ist das letzte Thema, über das ich heute Abend sprechen möchte.

Im Allgemeinen wird das Wort »Sünde« in den Religionen benutzt, um Ungehorsam gegenüber göttlichen Befehlen auszudrücken. Die Menschen mögen glauben, dass es böse Handlungen gibt, und dennoch nicht akzeptieren, dass es auch sündhafte Handlungen gibt – und zwar einfach, weil das Böse als etwas Natürliches und als Bestandteil der Naturordnung in Kauf genommen werden muss, jedenfalls soweit es den Menschen betrifft. Die tiefere Bedeutung des Wortes »Sünde« erfordert, dass es eine Verpflichtung gibt, die uns aufgetragen wurde, nicht durch unsere eigene Natur oder durch soziale Erfordernisse, sondern durch irgendeinen »höheren« Erlass. Der Gottesbegriff und die Macht, die erlässt, was gut und böse ist – das heißt: das Gute gefällt dieser Macht und das Böse missfällt ihr –, bringen uns zu der Frage, ob wir uns Gott als eine Macht vorstellen sollen, die innerhalb des Weltalls wirkt und dennoch frei vom Risiko ist.

Wir sind hier an einem entscheidenden Punkt meiner Ausführungen angelangt, denn die größte Schwierigkeit für jene Menschen, die versuchen, diese Welt in Begriffen zu verstehen, die durch ihre eigene Religiosität gefärbt sind, besteht in Folgendem: Einerseits nehmen sie an, dass Gott gut ist und seine Schöpfung liebt, dass er aber auch allmächtig und imstande ist, jeden Teil der Schöpfung in Ordnung zu halten, sei dieser nun groß oder klein. Andererseits lässt Gott dennoch zu, will es also, dass diese Schöpfung auch Böses und Leiden enthält und alles, was daraus folgt.

Ich bin der Meinung, dass der Niedergang der Religionen in den letzten vier bis fünf Jahrhunderten sich vorwiegend darauf zurückführen lässt, dass die Menschen sich immer weniger mit der Vorstellung abfinden konnten, Gott sei einem menschlichen Herrscher ähnlich, jedoch nur unendlich mächtiger. Wir konnten nicht mehr glauben, dass ein Gott, der gleichzeitig vollkommene Güte ist, das Ideal, nach dem wir streben sollen, der Herr, dem wir gehorchen sollen – und zwar nicht nur aus Furcht, sondern auch aus Liebe –, auch ein Gott ist, der zulässt, ja, da er allmächtig ist, sogar anordnet, dass all diese schrecklichen, fürchterlichen Dinge geschehen, die wir miterlebt haben, nicht nur in ferner Vergangenheit, sondern auch hier und heute.

Nun mag es beinahe gotteslästerlich scheinen, die Frage zu stellen, ob Gott selbst dem Risiko unterliegt; aber es ist gewiss nicht so gotteslästerlich wie die Frage, ob es Gott überhaupt gibt. Diese Frage wird schließlich auf der ganzen Welt gestellt, und die Antwort, die tatsächlich viele darauf geben, ist: Nein. Hunderte von Millionen sind zum Schluss gekommen, dass es unmöglich ist, die Existenz eines Gottes, wie ihn die Theologen beschreiben, anzunehmen oder sich überhaupt nur vorzustellen. Skeptiker sind entweder der gleichen Ansicht wie der Astronom und Mathematiker Pierre Laplace, der zu Napoléon Bonaparte sagte, dass die Hypothese eines Gottes für die Erklärung der Bewegung im Weltall nicht nötig sei. Oder sie folgen David Hume, dem schottischen Philosophen und Historiker, der sagte, dass es unmöglich sei, sich vorzustellen, Gott sei gleichzeitig allmächtig und allliebend. »Man könnte sich vorstellen«, sagte Hume, »dass die Natur ihre verstümmelten und armseligen Sprösslinge hervorsprudelt ohne irgendwelche Rücksicht auf ihre Leiden oder darauf, dass der Zweck verfehlt werden könnte – aber von Gott kann man sich so eine Handlungsweise nicht vorstellen.«

Heutzutage, so glaube ich, ist dieses Argument für viele entscheidend geworden, und wir müssen uns damit befassen, müssen uns fragen, ob es denn noch möglich sei, an irgendeiner Art religiösen Glaubens festzuhalten, trotz allem, was wir an Bösem und Leiden sehen. Wenn wir uns aber wirklich mit dieser Frage beschäftigen, dann können wir erkennen, dass alle Schwierigkeiten von der Annahme ausgehen, Gott sei wirklich allmächtig und dass der Ausdruck »allmächtiger Gott« bedeutet, dass Gott direkt irgendwelche Gesetze erlässt und daher verantwortlich ist für den Zustand der Welt.

Wenn wir sagen, die Ursache des Bösen und des Leidens sei der Ungehorsam des Menschen, so ist dieser Ungehorsam immer noch der eines Geschöpfes, das völlig in der Macht Gottes steht. Und wenn wir gar versuchen, um diese Schwierigkeit herumzukommen, indem wir sagen, dass Gott dem Menschen Willensfreiheit gegeben und ihn damit außerhalb Seiner unmittelbaren Lenkung gestellt habe und es ihm selbst überließ, Böses zu wählen, falls er dies vorziehen sollte, so haben wir damit die bittere Anklage gegen Gott erhoben, dass Er den Menschen in eine unmögliche Lage versetzt habe.

Der christliche Glaube meint, dass, nachdem Gott die Menschen in diese missliche Lage gebracht hat, Er ihn durch den Akt der Erlösung teilweise wieder davon befreit, es ihm jedoch immer noch freistellt, das Böse zu wählen. Diese Tatsache hat während des ganzen christlichen Zeitalters unsägliches Elend in der Welt verursacht, das heute sogar weitergeht. Christen müssen sich mit dem Vorwurf abfinden, dass unsägliche Greueltaten im Namen des Gottes der Liebe begangen worden sind.

In mir ist die Überzeugung immer stärker und beständiger geworden, dass die Idee eines allmächtigen Gottes entweder eine Verfälschung der Religion darstellt oder jedenfalls nicht zum wahren Christentum gehört. Diese fälschliche Idee wurde woanders hergenommen, als Folge eines schrecklichen Missverständnisses und auch aus dem verirrten Wunsch, Gott unendliche Ehrfurcht und Ehrerbietung zu zollen, indem man Ihm endlose Macht in allen Richtungen zuschreibt, ohne sich darüber im Klaren zu sein, dass dies zur unentrinnbaren Folge hat, dass Gott auch endlose Widersprüche und Unvereinbarkeiten zugeschrieben werden – und gerade diese Widersprüche und Unvereinbarkeiten haben so viele Menschen von der Religion entfremdet.

Ich spreche darüber nur in Bezug auf die christliche Religion – einerseits weil wir nicht genug Zeit haben, um auf andere Religionen einzugehen, und andererseits weil sie uns am besten bekannt ist. Wir sind so an die Redensart »allmächtiger Gott« gewöhnt, und jene von uns, die christlich erzogen wurden und regelmäßig zur Kirche gingen, haben ständig Gebete und Lobpreisungen an die Größe und die Herrlichkeit Gottes gehört. Dabei übersahen die meisten den eigenartigen Umstand, dass im Neuen Testament das Wort »allmächtig« Gott nur in der *Apokalypse* zugeschrieben wird; und dort wird es ganz anders gebraucht als heute. Ich wüsste gerne, ob Sie je bemerkt haben, dass der Ausdruck »allmächtig« in keinem der vier Evangelien überhaupt auftaucht. »Allmächtig«, »übermächtig« oder Ähnliches sind Qualitäten, die von Jesus Gott nie zugeschrieben werden. Diese Wort wurden von den Autoren der Evangelien in Bezug auf »Gott, den Vater« nie benutzt. Es gibt sie auch nicht in den *Apostelbriefen,* außer an einer Stelle im 1. Korintherbrief, 6:18, wo Paulus den Propheten Jeremia zitiert, und das unrichtig.

Man mag nun einwerfen, dass der Ausdruck »allmächtig« ständig als Qualifikation oder Attribut Gottes im Alten Testament gebraucht wird. Ja, das ist wahr, doch der Gebrauch des Wortes »allmächtig« ist ein völlig anderer, als wir ihn heute kennen. Für die alten Juden war Gott einfach der Mächtigste von allen, der Gott über den Göttern, *der* Gott, nicht der einzige Gott, denn es gab damals auch die Götter vieler anderer nichthebräischer Völker. Allmächtig bedeutete es in Bezug auf alle anderen konkurrierenden Mächte, nicht allmächtig im Sinne des Begriffes, der einen Gott meint, der fähig ist, die Welt in Bewegung zu setzen, so wie Er es will und es sich vorstellt.

Wir wollen auf die bemerkenswerte Tatsache zurückkommen, dass das Wort »allmächtig« nicht einmal in den Evangelien auftaucht. Im Gegensatz dazu erscheint das Wort »Liebe« hunderte Male in den Evangelien und den *Apostelbriefen*. Wo immer wir im Neuen Testament hinschauen, sehen wir ein Testament der Liebe und nicht der Macht. Gott wird als gnadenreich, barmherzig, der Menschheit wohlgesinnt beschrieben und keineswegs als Gesetzgeber. Ganz im Gegenteil: Jesus scheint eine Vorliebe für jene Stellen im Alten Testament zu haben, die Liebe als sanftmütig, gütig oder sogar als schwächlich darstellen. »Ein geknicktes Rohr wird er nicht zerbrechen«, »Ich aber sage euch, dass ihr dem Bösen nicht widerstehen sollt.« Wenn dies das verlangte Verhalten ist, das den Menschen zu einem Abbild Gottes macht, dann bedeutet das, dass Gott dem Bösen nicht widersteht.

Das scheint nun ganz unvereinbar mit dem christlichen Glauben zu sein. Sie müssen sich aber daran erinnern, dass der Ausdruck »allmächtig« in allen Versionen des christlichen Glaubensbekenntnisses lediglich beschreibend steht, und nicht als zentraler Glaubenssatz angesehen wird. Der christliche Glaube dreht sich um die Vorstellung der Erlösung, einer Erlösung durch Schwäche, durch Opfer, durch den Tod von Jesus. Deshalb erscheint es sehr seltsam, dass die Idee der Allmacht Gottes in die christliche Religion überhaupt hineingeschlüpft ist.

Historisch gesehen stammt sie auf eine Weise von der griechischen Tendenz, sich den »ersten Beweger« als absolut vorzustellen, und auch von der römischen Verehrung der Macht. Die Berührung der christlichen Welt mit den Arabern, in Spanien wie im Nahen Osten, verstärkte diese Vorstellung mit deren Begriffen der Einzigkeit und der absoluten Macht Allahs. Und diese Dogmen waren ihrerseits Missdeutungen eines andersartigen früheren Glaubens. Ich will aber hier nicht auf die Geschichte der Theologie eingehen und will auch nicht versuchen, Ihnen eine evangelische Deutung des Christentums zu geben, indem ich mich mit dem Wortlaut der Evangelien befasse. Ich will nur dies sagen: Wenn wir die Evangelien näher betrachten, die ja schließlich die Grundlage des Christentums sind, sehen wir, dass sie die Allmacht Gottes in keiner Weise erwähnen, dass sie wohl aber dauernd auf die Liebe Gottes und die Milde seines Sohnes hinweisen.

Ich habe Ihnen vorgeschlagen, das Experiment anzustellen, ob Sie sich eine Vorstellung von irgendeiner Tugend machen können, von irgendeiner wünschenswerten Eigenschaft, die ohne Risiko Bedeutung haben könnte. Der Augenblick ist nun gekommen, Sie zu fragen, ob es Ihnen möglich ist, sich von der Liebe oder Nächstenliebe eine Vorstellung zu machen, ohne dass ein Risiko mitspielt. Ich glaube, Sie können sehen, dass dies der Schlüssel zum ganzen theologischen Dilemma ist. Zu sagen, dass Gott Liebe ist und er die Welt liebt, würde keinen Sinn machen, wenn die Welt nichts weiter wäre als ein passives Werkzeug in Gottes Händen. Der Mensch wäre mit jeder Handlung, jedem Geschehen, groß oder klein, gänzlich vom Willen Gottes abhängig, da es für die Allmacht eines allumfassenden Gottes ja offensichtlich keine Unterscheidung zwischen großen und kleinen Ereignissen geben kann. Wenn wir jedoch annehmen – und mir scheint dies unumgänglich –, dass man sich Liebe nicht ohne Risiko vorstellen kann, dann muss man auch annehmen, dass Gott selbst dem Risiko unterworfen ist, dass die Schöpfung nicht nur in ihrem Ablauf Risiko mit sich bringt, sondern auch darin, dass sie überhaupt entstand.

Wenn wir das Universum so betrachten, können wir uns auch einen Gott in diesem All vorstellen, der zwar Freiheit und Liebe in einem unendlich größeren Maße besitzt als wir, der aber andererseits auch Risiken läuft, die unendlich viel größer sind als die unsrigen. Wir können uns vorstellen, dass, je größer und edler etwas ist, es auch größerer Gefahr und Risiko ausgesetzt ist. Die Menschen, die wir am meisten bewundern, die Helden aller Spielarten menschlicher Aktivitäten, sind jene, die sich den größten Gefahren aussetzen. Wenn wir uns Gott als den größten Helden vorstellen, als den edelsten und heldenhaftesten Willen, den es geben kann, dann muss dieser edle, heroische Wille auch das größtmögliche Risiko auf sich nehmen. Wenn wir einmal anfangen, uns mit diesem Gedanken anzufreunden, muss sich zweifellos unser ganzes Weltbild ändern. Wir können dann nicht weiterhin Forderungen im Namen des religiösen Glaubens stellen, wie wir es gewohnt waren; wir können aber auch nicht mehr die Religion so einfach ablehnen, wie es im Namen der Wissenschaft üblich geworden ist.

Die Wissenschaft anerkennt die Notwendigkeit ethischer Normen und auch die Notwendigkeit für eine sichere Grundlage einer allgemeinen Ethik durchaus. Die Wissenschaft erkennt sogar an, dass Religion notwendig ist. Doch die Art von Religion, wie sie Wissenschaftler und vor allem Psychologen sehen, ist weiter nichts als eine Konditionierung der Menschen zum Glauben, es *gäbe* eine Macht, die von ihnen verlangte, sie sollen auf eine bestimmte

Weise handeln, und sie bestraft, wenn sie es nicht tun. Das bringt jedoch nur eine völlig unbefriedigende Scheinreligion hervor. Wenn wir nach etwas suchen, das wir auch annehmen können, eine Wahrheit, an die wir uns halten können, dann glaube ich, müssen wir nach einer geistigen Macht Ausschau halten, die vollkommen liebevoll und völlig frei, gleichzeitig jedoch auch in alle Risiken des Daseins verwickelt ist. Und zwar nicht nur einfach so nebenbei, als ob sie sozusagen eine Zehe in das Wasser steckte, in dem wir ertrinken, sondern so, dass sie ebenso tief im Wasser steht wie wir, in das gleiche Abenteuer verstrickt.

Die Vorstellung der völligen Verstrickung in das Risiko dieser Welt, sich mit den Schwierigkeiten dieser Welt herumschlagen zu müssen, ist ja eine Idee, die der christlichen Lehre der Menschwerdung zugrunde liegt. Wenn man diese Lehre in dem Lichte betrachtet, sieht man sie auch ganz anders, als sie von den christlichen Theologen üblicherweise ausgelegt wird. Man sollte hier jedoch erwähnen – und ich muss Sie daran erinnern –, dass die christlichen Theologen es immer sehr schwer gefunden haben, die Notwendigkeit der Fleischwerdung Gottes zu begründen. Die frühere Erklärung, dass nämlich Jesus Mensch wurde, um einen zornigen Gott zu versöhnen, ließ sich offensichtlich nicht mit der Ansicht vereinbaren, dass Gott unendlich gut und barmherzig sei. Der Heilige Anselm änderte sie dann in seinem Werk *Warum wurde Gott ein Mensch? (Cur deus homo)* zur Idee, dass die unendliche Sünde des Menschen nur durch ein unendliches Opfer ausgeglichen werden könnte. So einfallsreich diese Theorie auch scheint, sie zieht nicht die Unendlichkeit der menschlichen Sünde in Betracht, noch beschäftigt sie sich mit der Sünde an sich. Was ich Ihnen hier dargelegt habe, scheint mir das Problem an seiner Wurzel zu lösen.

Nun mögen Sie einwerfen: »Ist dies wirklich der Gott, der für die religiösen Überzeugungen der Menschheit irgendetwas bedeuten kann? Suchen wir denn nicht und haben wir nicht immer nach einem Gott gesucht, der über allem Risiko steht? Ist nicht die Sehnsucht der Welt nach einer Gottheit ein Sehnen nach Sicherheit gewesen, ein Sehnen nach etwas, das über dem Wechsel und den Zufällen der sterblichen Welt steht?« Das mag in der Vergangenheit zugetroffen haben. Vielleicht waren diese Gedanken für eine frühe Stufe der Bewusstseinsentwicklung am verständlichsten. In den vergangenen Jahrhunderten gab es jedoch große Veränderungen des menschlichen Bewusstseins; zu einem gewissen Grade ist unser menschliches Verständnis gereift. Wir können solche simplen Auslegungen nicht länger akzeptieren, und die Zeit für etwas Neues ist jetzt gekommen. Dieses Neue wird all das, was für unser religiöses Bewusstsein wirklich wesentlich ist, beibehalten, vor allem die Möglichkeit des Kontaktes unseres Willens mit dem göttlichen Willen; des Willens, der das Gute will, mit dem universellen Willen, der das Gute *ist*; eines Willens, der sich nach Liebe sehnt, mit einem universellen Willen, der Liebe *ist*, der Gott ist.

Wir können an dieser Überzeugung festhalten, ohne dass wir irgendeinen Begriff der Allmacht oder auch Allwissenheit benötigen. Sie verlangt jedoch auch den Glauben, dass Gott uns nahe steht und sehr darum besorgt ist, was geschieht; dass er in uns wohnt und nicht nur in uns, sondern auch im ganzen Weltgeschehen. Wie ich es sehe, bleibt alles, was an der christlichen Religion wesentlich ist, und gewiss alles, was an ihr am schönsten ist, unversehrt, wenn wir das Wort »allmächtig« als unendliche Fähigkeit, zu lieben und zu vergeben, interpretieren. Die Schönheit Gottes liegt nicht in der Macht der Beherrschung, sondern in Güte und Barmherzigkeit. Ich habe versucht, Ihnen zu zeigen, dass beide diese Attribute zu ihrer Manifestation des Hasard bedürfen.

Was ich Ihnen vorgelegt habe, ist tatsächlich die Vorstellung von einer Welt, die vor allem eine Welt des Risikos ist, und von einem göttlichen Willen, der vor allem ein Geist der Liebe ist. Wenn Sie darüber tief nachdenken, so glaube ich, müssen Sie sehen, dass Liebe und Risiko unzertrennlich sind, dass mit der Größe des Risikos auch die Offenbarung der Liebe wächst. Das eine ohne das andere ist unmöglich. Ohne Risiko kann es keine Liebe geben. Aber umgekehrt würde das Risiko ohne Liebe zu sinnlosem Zufall zusammenbrechen. Wenn die Liebe Gottes wirkliche Bedeutung haben soll, dann muss auch Gott dem Risiko ausgesetzt sein und zwar nicht einfach so wie wir, sondern in unvergleichlich höherem Maße.

Was ich hier darlege, weicht zugegebenermaßen sehr von dem ab, was die meisten christlichen Theologen lehren. Es ist aber auch etwas ganz anderes als die revolutionäre Lehre jener Theologien, die sich jetzt in Amerika verbreiten und vom »Tode Gottes« sprechen. Dieser Standpunkt bringt uns nicht weiter, wenn nicht gesagt wird, dass das, was gestorben ist, und das, was sterben muss, ein Gott ist, der nie eine Bedeutung und Wirklichkeit hatte. Es war eine Vorstellung, die für eine bestimmte Zeit zweckvoll war, als die Menschen noch wie Kinder waren und von Beweggründen zum Handeln bewogen wurden, die viele Mensch heutzutage abgelegt haben.

Seltsamerweise jedoch sind dies barbarische Ideen, die es vor einigen Jahrtausenden nicht gegeben hat. Aus diesem Grunde möchte ich Sie noch einmal an jenes Zeitalter erinnern, in dem man zu verstehen schien, dass alles ein Risiko enthält. Ich will nun mit einer der schönsten Schöpfungshymnen schließen, dem Rigweda. Sie beschreibt ein früheres Weltalter und sagt dann im letzten Vers:

Wer kennt das Geheimnis und wer kann es offenbaren?
Aus welchem Grund entstand dieses vielfältige Ganze?
Die göttlichen Individuen entstanden später als diese Welt;
Wer kann dann wissen, woher diese Große Schöpfung kam?
Ob jenseits von ihr ein Wille ist oder ob es dort keinen gibt
Nur Er, der das Bewusstsein von allem Existierenden ist
Nur Er weiß es – und vielleicht nicht einmal Er.

Anhang

Existenz

WIR KÖNNEN HASARD BEZIEHUNGSWEISE RISIKO DEFINIE-
ren, indem wir zwei wohlvertraute Begriffe zusammennehmen: den kontrollierten Prozess und den Prozess, dessen Ausgang ungewiss ist. Das einfachste Beispiel, das wir kennen, ist vielleicht die Aussendung eines Lichtimpulses. Das Photon, das von einem Atom ausgeht, kann von einem anderen Atom nach einem Millionstel einer Sekunde eingefangen werden oder aber auch nach einer Million von Jahren. In beiden Fällen können wir sagen, dass es einen bestimmten Weg in einer bestimmten Richtung zurückgelegt und eine genau bestimmte Wirkung verursacht hat. Wenn es seinen Weg antritt, herrscht noch vollständige Ungewissheit darüber, wann, wo und ob es überhaupt je wieder eingefangen werden wird. Ein eigenartiges Merkmal dieses Vorgangs ist, dass, wenn man ihn in Begriffen der Relativitätstheorie beschreibt, er innerhalb seines eigenen Bezugssystems gemessen überhaupt keine Zeit in Anspruch nimmt.

Die ungeheure Wichtigkeit von Vorgängen dieser Art ist erst kürzlich von den Physikern erkannt worden, aber die analoge Situation in der menschlichen Erfahrung ist uns wohl vertraut. Eine Risikosituation tritt für uns in Erscheinung, wenn es ungewiss ist, ob ein Ziel oder Zweck erreicht werden kann. Das Risiko hängt mit der Situation selbst zusammen. Ein Stein, der bergab rollt, mag den Fuss des Hügels nicht erreichen. Das Risiko beschränkt sich auf sein eigenes Schicksal und das der Pflanzen und anderer Dinge, die er auf seinem Weg treffen könnte. Wenn er aber eine Lawine in Bewegung setzt, kann es viele Todesfälle geben. Oder nehmen wir zum Beispiel Glyzerin, das eine sehr harmlose Substanz ist. Nun kann es jemand als Frostschutzmittel ins Wasser seines Autokühlers gießen. Stößt er den Kanister um, verliert er sein Glyzerin, und das ist auch schon das einzige Risiko dabei. Ein anderer mischt es mit Salpetersäure, um Dynamit herzustellen, und wenn er einen Fehler macht, sprengt er sich selbst in die Luft. Oder ein Statistiker wirft eine Münze zehntausendmal hoch, um ein Wahrscheinlichkeitstheorem zu beweisen. Wie oft nun auch Zahl oder Bild oben liegen, er erreicht sein Ziel, vorausgesetzt, er entgeht dem Risiko des Verzählens oder Verrechnens.

Ein Glücksspieler dagegen wirft die Münze nur einmal und gewinnt oder verliert sein Vermögen. In allen diesen Beispielen finden wir Risiko, aber in den verschiedenen Fällen ist es unterschiedlich groß.

Wenn wir folglich keinen zielgerichteten Prozess oder keinen Vorgang, der mit anderen Prozessen zusammenwirkt, ohne dass dabei irgendein Risiko mit im Spiel ist, entdecken oder uns auch nur vorstellen können, dann müssen wir daraus schließen, dass das Risiko eine unumgängliche Bedingung des Daseins an sich ist. Wir kennen nur sehr wenige Bedingungen dieser Art, wie zum Beispiel die Unumkehrbarkeit der Zeit, die Dreidimensionalität des Raumes und das Überwiegen potenzieller über tatsächliche Zustände. Ihre Bedeutung liegt darin, dass die Welt ohne sie gar nicht existieren könnte.

Die Behauptung, dass universelles Risiko eine der entscheidenden Bedingungen für das Dasein der Welt ist, ist dem größten Teil des wissenschaftlichen Denkens genauso zuwider wie dem Glauben, dass es bei Gott keine Ungewissheit gibt, nicht einmal in den Vorgängen der bestehenden Welt. Allgemeines Risiko scheint uns auch die Hoffnung auf Gewissheit in unserem eigenen Leben und in der Geschichte zu versagen. Wir möchten so gerne glauben, dass auch wenn die kleinen Situationen dem Risiko unterworfen sind, wenigstens die großen unter anderen Gesetzen stehen. Überdies steht universelles Risiko im Gegensatz zu jeder Lehre von strikter Kausalität, von der man in der einen oder anderen Form glaubt, sie gelte sowohl in der materiellen Welt als auch für menschliche Angelegenheiten. Die Behauptung von der göttlichen Allmacht – die den meisten Religionen, insbesondere dem Christentum und dem Islam, gemeinsam ist – scheint mit dem Prinzip vom allgemeinen Risiko unvereinbar zu sein. Sogar Wissenschaftler, die die strenge Kausalität fallen gelassen haben und Ungewissheit gelten lassen, würden es schwer finden anzuerkennen, dass das Risiko ebenso notwendig ist wie die Unumkehrbarkeit der Zeit.

Wir müssen uns zuerst einmal darüber klar werden, was wir unter Existenz verstehen. Alles Existierende muss möglich sein, aber nicht alles Mögliche existiert auch. Wenn ich zwei Würfel werfe, gibt es sechsunddreißig mögliche Kombinationen, aber in einem bestimmten Wurf verwirklicht sich nur eine. Wenn die Würfel einmal gefallen sind, dann existieren die anderen fünfunddreißig nicht. Aber die Würfel haben noch immer das Potenzial für jede der sechsunddreißig Kombinationen. Nun gibt es drei Zustände für die Würfel: erstens, was wirklich geworfen wurde; zweitens, was nicht geworfen wurde und nun überhaupt nicht existiert; und drittens, welche Möglichkeit im nächsten Wurf liegt. Wenn ich zehnmal würfle, dann werden zehn Ergebnisse wirklich, dreihundertundsechzig sind potenziell gewesen und mehrere Abermillionen [von Kombinationen] waren überhaupt möglich. Hätte ich eine kompliziertere Situation als Beispiel gewählt, so wäre das Übergewicht der Möglichkeiten über das Wirkliche und das Potenzielle ungeheuer größer gewesen.

Damit nun aber eine gewisse Situation ein Teil der existierenden Welt werden kann, muss sie entweder tatsächlich eintreten oder aber sie muss das Potenzial dafür haben, dass sie ein anderes Mal geschehen kann. Es ist nicht ganz einfach zu sehen, dass es so ist; wir wollen also noch einmal die Würfel als Beispiel nehmen. Jedesmal, wenn ich würfle, ist jeder der Seiten beider Würfel ein Potenzial, das heißt, jede Seite hat eine Chance, oben zu liegen. Andererseits ist es jedoch nicht möglich, dass zwei Seiten desselben Würfels oben liegen werden. Und es ist auch nicht möglich, dass beide Würfel zusammen eine höhere Zahl als zwölf ergeben. Diese Möglichkeiten sind durch das Wesen der Würfel ausgeschlossen [weil ein Würfel nur sechs Seiten hat]. Sie sind Unmöglichkeiten, sie existieren überhaupt nicht. Ein anderes Beispiel dieser Art wäre, wenn wir eine Uhr rückwärts gehen ließen oder einen Film rückwärts abspielten, so dass die Schauspieler sozusagen in die Vergangenheit gehen. Das lässt sich zwar technisch machen, wir wissen jedoch, dass dies kein echtes Bild der existierenden Welt ist, in der die Zeit nicht rückwärts laufen kann.

Wir können nun die Existenz als all das definieren, was unter den Bedingungen, die wir als allgemeingültig und unumgänglich beobachten können, möglich ist. Es gibt vier Bedingungen für Existenz: Raum, Zeit, Ewigkeit und Hyparxis[54]. Diese werden wir nun eine nach der anderen untersuchen.

---

54. TDU, Band 1, *The Foundations of Moral Philosophy*.

Raum

Es mag willkürlich scheinen, dass es gerade drei Raumdimensionen gibt. Hinton[55] entwarf ein exzellentes Bild eines Flachlandes, in dem Ereignisse in drei Dimensionen wie Wunder erschienen. Es ist schwer, aber nicht unmöglich, sich einen vierdimensionalen Raum vorzustellen; aber wenn wir das machen, erkennen wir, dass er Eigenschaften haben würde, die es für uns unmöglich machen würden, darin zu existieren. Alle soliden Körper würden sich zum Beispiel in ihre Bestandteile auflösen; es könnte keinen Schall und kein Licht geben; Formen, wie wir sie kennen, hätten keine Innen- und keine Außenseite. In seiner Allgemeinen Relativitätstheorie führt Einstein eine neue Art gekrümmten Raumes ein, aber es ist immer noch ein dreidimensionaler Raum. Als eine allgemeine Bedingung für Existenz überhaupt können wir annehmen, dass sie derart sein muss, dass zusammenhängende Strukturen – die nicht notwendigerweise fest sein müssen –, immer möglich sind. Wenn man diese Bedingung aufhebt, so hört die Existenz selbst auf. Das ist etwas ganz anderes als die Aufhebung der euklidischen Bedingung, dass die Winkel eines Dreiecks zusammen 180 Grad ergeben müssen. Eine Welt mit vier Raumdimensionen können wir uns zwar *vorstellen* – aber weder wir selber noch Atome, Sterne oder Milchstraßen oder irgendetwas anderes uns Bekanntes könnte darin existieren.

Zeit

Die Zeit ist kein Teil der Existenz, sondern eine Voraussetzung für die existierende Welt. Ihre einzige unabänderliche Charakteristik ist die Nichtumkehrbarkeit. Die Spezielle Relativitätstheorie hat gezeigt, dass man Raum und Zeit nicht voneinander trennen kann; der wesentliche Charakter beider bleibt von ihr jedoch unberührt. Wir können uns die Erde als stillstehend vorstellen: Immanuel Velikovsky[56] hat sogar angeregt, dass dies zur Zeit Josuas tatsäch-

---

55. Charles H. Hinton (1853–1907): *Wissenschaftliche Erzählungen*, München 1989.
56. *Welten im Zusammenstoß*, Berlin 1994.

lich geschehen sei, weil der Planet Venus der Erde sehr nahe kam. Wie absurd dieser Gedanke auch immer scheinen mag, ganz unmöglich ist es nicht, und darum könnte auch ein ›Stillstand‹ der Sonne physikalisch möglich sein. In atomaren und subatomaren Bereichen werden viele seltsame Phänomene beobachtet. Antimaterie könnte existieren.[57] Sterne, die so dicht sind, dass sie den sie umgebenden Raum geschlossen haben, sind physikalisch möglich.[58] Partikel, die sich mit einer Geschwindigkeit fortbewegen können, die der Lichtgeschwindigkeit nahe kommt, ändern ihren Charakter grundlegend. Alle Materie erwirbt neue und seltsame Eigenschaften, wenn sie sich dem absoluten Nullpunkt der Temperatur nähert, und selbst dieser scheint heutzutage nur mehr als ein relativer Punkt angesehen zu werden. Fortwährend entdeckt man neue Partikel und Zustände der Materie, die alle bekannten Theorien umstoßen. Aber nie wird irgendetwas beobachtet, das auf die Umkehrbarkeit der Zeit hinausliefe oder dieser vergleichbar sei.

Das bedeutet nicht, dass es unvorstellbar wäre. Tatsächlich können wir es uns klar genug vorstellen, um ganz deutlich zu sehen, dass, falls so etwas wirklich vorkäme, es die Welt, wie sie existiert, zerstören würde. Und darum muss es unter die Unmöglichkeiten der Existenz gerechnet werden. Ein Mann wie Ödipus kann zwar seine eigene Mutter heiraten, aber er kann nicht sein eigener Vater werden. Unter gewissen Bedingungen lässt sich ein Nacheinander in ein Nebeneinander verwandeln, je nachdem wie die Achsen von Zeit und Raum gewählt werden. Aber es ist unmöglich dahin zurückzukehren, was Sir Arthur Eddington »die absolute Vergangenheit« nannte. Lassen Sie uns diese Idee mit einem kürzlich entdeckten Phänomen vergleichen, dem Abfeuern eines Partikels mit Überlichtgeschwindigkeit. Dieser Vorgang widerspricht Einsteins Relativitätsprinzip, und falls es tatsächlich möglich ist, würde es uns zwingen, einige unserer fest etablierten Konzepte über materielle Prozesse zu ändern. Es würde jedoch nicht die Welt, wie wir sie heute kennen, zerstören.

---

57. Anmerkung des Übersetzers: Mit der erfolgreichen Kombination eines Antiprotons und eines Positrons zu einem Antiwasserstoffmolekül gelang 1995 auch der experimentelle Nachweis von Antimaterie.

58. Anmerkung des Übersetzers: Die nach Einsteins Allgemeiner Relativitätstheorie physikalisch beschreibbaren schwarzen Löcher gelten heute als weitgehend erwiesen, und erste dieser Objekte wurden bereits beobachtet.

Wir können uns auch vorstellen, dass wir uns mit Hilfe einer Art Zeitmaschine in die Vergangenheit versetzen könnten – aber selbst dann würde die Vergangenheit immer noch die Vergangenheit bleiben, und unsere Gegenwart wäre ihre Zukunft. Alle Arten unwahrscheinlichster und sogar ganz sinnloser Vermutungen können über die Zeit angestellt werden, und einige davon mögen sich sogar als prophetisch erweisen. Eine Bedingung jedoch bleibt unverletzlich: die Unumkehrbarkeit der Zeit selbst.

Ewigkeit

Etwas vorher habe ich zwischen Möglichkeiten, Potenzialitäten und Tatsächlichkeiten unterschieden. Richten wir unsere Aufmerksamkeit nun auf die Potenzialität, und versuchen wir herauszufinden, was das eigentlich bedeutet. In der Physik wird sie als der Teil der Energie eines Systems definiert, der gerade untätig ist. Potenzielle Energie ist ein überaus wichtiger Begriff, und dennoch hat ihn bisher niemand direkt ›beobachtet‹, denn was wir beobachten können, sind ja nur die Vorgänge der Änderung, wenn Energie eine Arbeit leistet. Potenzielle Energie ist ein hervorragendes Beispiel für das, was die Scholastiker *ens rationis* oder Gedankengebäude nannten. Sie ist aber ebenso wirklich wie ›sichtbare‹ Energie, wie zum Beispiel Wärme- oder Bewegungsenergie.

Es steht auch fest, dass es für potenzielle Energie keinen Platz in der Raum-Zeit-Welt gibt. Einstein versuchte dreißig Jahre seines Lebens, einen Platz dafür zu finden, und es gelang ihm nicht. Andere bedeutende Physiker wie Fürst Louis de Broglie und Sir Arthur Eddington schlugen schon 1928 vor, man solle eine fünfte Dimension einführen, um einen Platz für potenzielle Energie zu finden. Ich war bereits 1920 zum gleichen Schluss gekommen und gewann die Überzeugung, dass dies nicht nur eine praktische Methode ist, die Welt darzustellen – wie Eddington dachte – sondern einfach eine unumgängliche Bedingung für ihre Existenz selbst.

Potenzialitäten beschränken sich nicht nur auf physische Energie: Sie kommen überall vor, wo etwas existiert. Wenn ich Geld in meiner Tasche habe und es nicht ausgebe, dann bleibt sein Potenzial bestehen, vorausgesetzt, die Kaufkraft des Geldes im Allgemeinen steigt oder fällt nicht. Diese einfache Illustration sagt uns beinahe alles, was darüber zu sagen ist. Potenzialitäten und Tatsächlichkeiten können nebeneinander her bestehen. Ich kann meinen Geschäften nachgehen, ohne das Geld in meiner Tasche anzurühren. Potenzialitäten sind mannigfaltig: Mit dem Geld könnte ich viele verschiedene Dinge kaufen. Potenzialitäten haben einen Einfluss auf die tatsächlichen Ereignisse: Wenn der Geldwert fällt, neige ich dazu, das Geld auszugeben.

Es mag nun scheinen, dass, wie gültig und interessant solch eine Erweiterung der Idee der Potenzialität auch immer sein mag, sie dennoch weit davon entfernt ist, uns zu einer Bedingung *sine qua non* für die Existenz der Welt zu führen. Aber warten Sie einen Augenblick! Wie kann sich denn irgendetwas überhaupt verwirklichen, wenn es nicht zuerst potenziell ist? Ich kann kein Feuer machen, wenn ich nicht erst einmal etwas Brennbares zur Hand habe; und diese einfache Tatsache kann uns als Beispiel für jeden möglichen Vorgang dienen. Und es ist ebenso offensichtlich, dass selbst im einfachsten Fall das Potenzial mehr enthält als die Verwirklichung. Bis ich mein Geldstück schließlich ausgegeben habe, sind zwei Vorgänge möglich: Ich kann es ausgeben, oder ich kann es behalten. Wenn ich es aber ausgegeben habe, bleibt nur der verwirklichte Vorgang. Hamlets Frage »Sein oder Nichtsein« eröffnet das ganze Drama der Entscheidung. Wenn die Entscheidung getroffen ist, ist das Drama zu Ende.

Potenzialitäten sind keineswegs nichts. Sie wechseln den Platz mit Verwirklichungen in so ungezwungener Weise, dass sie ein Teil der existierenden Welt sein müssen. Wenn Potenzialitäten abgeschafft würden, wäre die Welt im selben Augenblick zu Ende. Dennoch sind Potenzialitäten, wie wir gesehen haben, verschwindend klein im Vergleich zu all den Möglichkeiten, die sich sozusagen nicht in die Schlange einreihen können, wo sie eine Chance hätten, wirklich zu werden. Sie sind begrenzt, und sie bestimmen, was in jeder gegebenen Situation möglicherweise geschehen könnte. Potenzialitäten existieren in einer geordneten Reihenfolge vom Kleinen bis zum Großen. Es gibt eine obere Grenze für das, was ich mit meinem Geld kaufen kann; ich kann es aber auch immer unbedachter ausgeben, bis zu dem Punkte, wo es schließlich völlig verschwendet ist. Das Wasser in einem Staubecken kann ein gewisses Maximum an Elektrizität erzeugen; wenn es jedoch ineffizient genutzt oder gar verschwendet wird, produziert es immer weniger. Jeder von uns hat vermutlich ein gewisses Potenzial, wie er von seinem Leben Gebrauch machen kann; aber wenige von uns verwirklichen es vollständig.

Es ist nicht notwendig, die Ansicht zu akzeptieren, dass die Ewigkeit als die Sphäre der Potenzialitäten als eine fünfte Dimension in Analogie zu Raum und Zeit behandelt werden kann. Es ist jedoch notwendig zu erkennen, dass die Welt ohne Potenzialitäten überhaupt nicht existieren könnte. Und es ist gleichfalls notwendig einzusehen, dass es immer weit mehr Potenzialitäten als Verwirklichungen gibt. Wäre das anders, so würde auch die Welt vollkommen anders sein, als sie nun einmal ist. Diese Schlussfolgerungen sind unumgänglich, trotz der Tatsache, dass Potenzialitäten unsichtbar sind. Sie sind *entia rationis,* oder Gedankendinge, und dennoch sind sie auch ein Teil der Welt, wie sie ist, – sie gehören keineswegs in irgendeinen anderen Bereich.

Hyparxis

Wir haben den Inhalt des Begriffes der Existenz weit über das ausgedehnt, was die meisten Philosophen in die »Welt der Erscheinungen« einbeziehen würden, doch wir haben noch nicht die Möglichkeit von freien Willensakten bedacht. Wenn diese eine nur auf den Menschen beschränkte Erscheinungsform wären, könnten sie kaum für die Existenz oder Nichtexistenz der Welt von Bedeutung sein. Wie wir jedoch gesehen haben, weist eine ganze Reihe von Erscheinungen auf die kritische Bedeutung der »zielgerichteten Ungewissheit« oder des Hasard hin. Wir können das bisher errichtete Gedankengebäude mit einem sehr komplexen Verkehrssystem vergleichen mit Zügen, Schiffen und Bussen, die in alle Richtungen fahren, es den Fahrgästen aber nicht erlaubt, sich ihren Bestimmungsort selbst zu wählen oder umzusteigen. Wir wissen von dem Gesetz der Dynamik her, das die Bewegung frei fallender Körper bestimmt (die Gleichung des österreichischen Physikers Erwin Schrödinger), dass ein Vorgang, der völlig in Raum und Zeit eingeschlossen ist, nicht geändert werden oder sich selbst ändern kann. Von den Gesetzen über die Erhaltung der Energie wissen wir, dass Energieaustausch ohne gegenseitige Beeinflussung nur in isolierten Systemen vorkommen kann. Diese Betrachtungen führen uns zur Erfordernis, eine sechste Dimension zu postulieren, in der echte Wechselwirkungen stattfinden können. Sie ist eine Art der Zeit, hat jedoch ein paar sehr wichtige Unterschiede zu dieser, und ich habe den Namen »Hyparxis« für sie vorgeschlagen.

Die Hyparxis hat eine sehr wichtige Eigenschaft, die wir beim Entwurf der Geometrie einer sechsdimensionalen Welt entdeckt haben: Sie muss diskontinuierlich oder sprunghaft sein, das heißt, sie lässt Änderungen nur in einzelnen Stufen zu. Einige theoretische Physiker haben angeregt, dass die gewöhnliche Zeit »gequantelt«, das heißt nicht unendlich teilbar ist. Dies wird jedoch von der Erkenntnis widerlegt, dass das zu einem falschen Weltbild führen würde. Die Schwierigkeit verschwindet aber, wenn wir Ungewissheit, Indeterminismus, Diskontinuität und Interaktion in eine andere Dimension verlegen. Diese Dimension hat gerade den Freiheitsgrad, der Wahl und somit freies Handeln möglich macht, doch nur auf Kosten der Sicherheit. Die Hyparxis bestimmt wie die Ewigkeit einen Daseinsbereich, der nicht durch Sinneserfahrung direkt erlebt werden kann. Sie ist der Bereich der unvorhersagbaren und spontanen Tätigkeit der Natur, und es ist klar, dass, wenn wir das verstehen würden, wir nicht andauernd Dinge erwarten würden, die nun einmal nicht geschehen können.

Diskontinuitäten oder Unstetigkeiten im Dasein der Welt kommen in allen Maßstäben und bei allen Gegebenheiten vor. Es gibt zum Beispiel eine kosmische Diskontinuität zwischen den bedingten und den unbedingten Teilen der Wirklichkeit. In der Mathematik gibt es die Diskontinuität in der Folge der ganzen Zahlen und auch im Übergang von endlichen zu unendlichen Größen. Auf der Ebene der Atome ist der Quantensprung seit achtzig Jahren von den Physikern anerkannt. In der Biologie bildet die Regel, dass das genetische Muster sich nur in ganzen Erbeinheiten ändern kann, die Grundlage der Genetik. In der Evolutionstheorie sind Mutationen wesentlich. In der menschlichen Erfahrung werden wir der Diskontinuität des Bewusstseins direkt gewahr; ununterbrochene Übergänge kommen hier überhaupt nie vor, nur Sprünge über Lücken und Unstetigkeiten.

Nun mögen wir zwar bereit sein zuzugestehen, dass es in der Weise, wie die Welt funktioniert, Unvorhergesehenes und Unstetigkeiten gibt; wir mögen jedoch nicht bereit sein, so weit zu gehen und zu sagen, die Welt könne ohne sie nicht existieren. Diese Schlussfolgerung ist jedoch selbstverständlich, sobald wir uns daranmachen, eine risikofreie Welt zu konstruieren. Es gäbe drei Möglichkeiten dazu:

Erstens: Die Welt ist völlig vorausbestimmt, entweder durch Universalgesetze oder durch göttliches Gebot. Alles, was geschehen wird, ist bereits festgelegt, und darum gibt es kein Risiko. Diese Ansicht wird von jenen vertreten, die an den materialistischen Determinismus glauben, und auch von jenen, die glauben, dass die Schöpfung in jeder Einzelheit genau dem Weg folgen muss, den der Schöpfer von Beginn weg angeordnet hat. Diese Ansicht lässt sich jedoch kaum halten, wenn man sie auf das menschliche Leben auf der Erde bezieht, in dem viele ungeregelte, chaotische und zwecklose Aktivitäten geschehen. Manchmal wird angenommen, die Wissenschaft habe eine streng vorherbestimmte Welt entdeckt, die von Kausalgesetzen geregelt sei. Dem ist aber niemals so gewesen, am wenigsten heutzutage, nachdem der Indeterminismus in der Biologie – man denke an Zufallsmutationen – ebenso Mode geworden ist wie Heisenbergs Unschärferelation in der Physik. Und das Gleiche gilt für die extreme religiöse Ansicht von der Prädestination oder Gnadenwahl, die wir mit dem französisch-schweizerischen Theologen und Reformator Johannes Calvin verbinden. Es wäre falsch anzunehmen, dass diese Lehre dem materialistischen Determinismus gleicht, doch in jedem Falle wird sie heutzutage nur von sehr wenigen Menschen ohne Vorbehalt angenommen. Die große Mehrzahl der Menschen denkt und lebt so, als ob das Leben weitgehend von Ungewissheit und Freiheit bestimmt sei. Es gibt keine Gründe, die zur Annahme weder des religiösen noch des atheistischen Determinismus zwingen, und glücklicherweise gibt es triftige Gründe dafür, beide abzulehnen.

Zweitens: Die Welt ist völlig unbestimmt. Es gibt kein Risiko, weil nichts Richtung oder Zweck hat. Die vorsokratischen griechischen Atomisten bemühten sich, eine derartige Theorie aufzustellen, fanden es aber dennoch notwendig, Risiko wenigstens in Form einer »Tendenz« der zufälligen Atomverteilung anzunehmen. Alle späteren Versuche, ein konsistentes Weltbild zu formulieren, in dem nur bedeutungsloses Chaos vorherrscht, schlugen fehl, einschließlich des »logischen Atomismus«. Zielgerichtete Prozesse sind zweifellos Teil der existierenden Welt, und wenn diese einmal angenommen werden, dann tritt mit ihnen auch das Risiko auf.

Drittens: Die Welt ist zum Teil vorherbestimmt und zum Teil nicht, das heißt, sie ist teilweise Kausalgesetzen, teilweise Wahrscheinlichkeitsgesetzen unterworfen. Diese Kombination schließt das Risiko aus, weil Wahrscheinlichkeit und Kausalität gleichermaßen frei von einer bestimmten Richtung sind. Diese Ansicht entspricht dem, was die meisten Wissenschaftler über die Welt aussagen würden, und sie scheint die Frage des freien Willens und der menschlichen Verantwortung offen zu lassen. Es gibt jedoch einen ernst zu nehmenden und entscheidenden Einwand dagegen: Die Wahrscheinlichkeitsregeln gelten nur für große Zahlen; für Einzelfälle sind sie bedeutungslos. Außerdem erfordern sie aber auch Ungewissheit in einzelnen Ereignissen – denn sonst wären sie ja streng kausal –, und damit sind sie notwendigerweise vom Risiko abgeleitet. Dieser Schluss wird durch die Beobachtung bestätigt, dass die einzigen streng kausalen Gesetze, die wir kennen, frei von gegenseitiger Beeinflussung sind.

Diese streng kausalen Gesetze sind niemals absolut. Sogar in den Bewegungen der Planeten gibt es eine gewisse Wechselwirkung, die Risikosituationen verursacht. So verliert der Mond zum Beispiel durch die Gezeiten etwas an Momentum und muss eines Tages auf die Erde fallen, was natürlich katastrophale Folgen mit sich bringen wird. Wenn man die Sache genau untersucht, zeigt es sich, dass so eine gemischte, aus kausalen und zufälligen Erscheinungen zusammengesetzte Welt genau das ist, was wir als einen risikoreichen Zustand der Welt definiert haben.

Dennoch müssen wir weiter herausarbeiten, warum das Risiko eine notwendige Bedingung ist, der die gesamte Existenz ebenso völlig unterliegt wie dem Fakt der Unumkehrbarkeit der Zeit. Nehmen wir einmal an, ein Teil der Welt wäre dem Risiko unterworfen und der andere Teil nicht. Wenn diese beiden Teile nicht miteinander in Verbindung stehen, haben wir zwei Welten und nicht nur eine. Stehen sie aber miteinander in Verbindung, muss das Risiko im einen Teil notwendigerweise auch Risiko in einem anderen Teil mit sich bringen. Ein Beispiel dafür ist die soeben angeführte Bewegung der Planeten. Kein Phänomen, das uns bekannt ist, ist so genau berechnet wie die Umlaufbahn und die gegenseitigen Störungen der Planeten. Aber über die Zeitskala von Hunderten von Millionen von Jahren, wie sie für die wissenschaftliche Untersuchung der Planeten gilt, sind durchaus gewisse Risiken eingetroffen. Da gab es vermutlich einen Planeten zwischen Mars und Jupiter, der zerfiel und den Asteroidengürtel bildet. Dies muss den Ablauf der Ereignisse im ganzen Sonnensystem verändert haben. Auch könnte es auf der Sonne jederzeit zu einem vulkanartigen Ausbruch kommen, der solch riesige Mengen

Energie ausschleudert, dass die Umlaufbahnen der Planeten wesentlich beeinträchtigt würden. Oder es könnte sich ein anderer Stern oder Komet nähern, wie das wohl mehr als einmal in der Geschichte der Erde geschehen sein mag. Dies sind Risiken, die für uns in weiter Ferne liegen mögen; für das Sonnensystem, dessen Bewegungen uns so beständig und gesichert vorkommen, ist es aber nicht so.

Wir können die Welt als die Gesamtheit aller Daseinszustände definieren, die mit den vier genannten bestimmenden Bedingungen – Raum, Zeit, Ewigkeit und Hyparxis – vereinbar sind. Was immer mit diesen Bedingungen unvereinbar ist, existiert nicht; es ist jedoch nicht notwendigerweise überhaupt nichts. Nichts spricht dafür, dass es außerhalb dieser existierenden Welt nichts weiter gibt. Es gibt Gründe, die uns zur Annahme bewegen, dass es vorexistenzielle oder unterexistenzielle Zustände gibt, die eine oder mehrere der Bedingungen, die für existenzielle Zustände notwendig sind, nicht erfüllen. Theoretische Physiker neigen zur Vermutung, dass sie den Grenzen der Existenz näher kommen und dass diese keine undurchdringlichen Schranken haben. Es sieht so aus, als ob Teilchen aus einem präexistenziellen Zustand aufgeworfen werden, die dann in die existierende Welt eindringen. Dies wird die »Theorie der kontinuierlichen Schöpfung« genannt.[59] Es ist ebenso vorstellbar anzunehmen, dass es eine ›überexistenzielle‹ Welt gäbe; auch wenn betont werden muss, dass es keinen Austausch von Materie oder Energie mit einer derartigen Welt geben kann. Eine solche Wechselwirkung würde die Bedingungen der Existenz aufheben.

Das existierende Universum ist unbegreiflich groß. Es hat in seiner heutigen Form mindestens zehn Milliarden Jahre lang existiert, und in dieser Zeit sind Sterne entstanden, haben viele Stadien der Umwandlung durchgemacht und sind wieder vergangen. Galaxien tauchten aus dem kosmischen Staub auf und gebaren unzählige Daseinsformen; einige davon sind durch die wunderbaren Entwicklungen der modernen Astrophysik zu unserer Kenntnis gelangt. Nirgendwo in diesem riesigen Universum können wir Spuren eines Raumes oder einer Zeit finden, die anders geartet

---

59. Anmerkung des Übersetzers: Ihr Hauptexponent war der britische Astronom und Mathematiker Sir Fred Hoyle (1915–2001).

wären als die, die wir von der Erde kennen. Nirgendwo entdecken wir Vorgänge oder Zustände, die nicht Potenzialunterschiede voraussetzten. Nirgends finden wir die Abwesenheit von gegenseitiger Beeinflussung und Ungewissheit. Es muss daraus folgen, dass jeder Vorgang, der innerhalb dieses Weltalls möglich ist, auch den vier bestimmenden Bedingungen entsprechen muss.

Das Weltbild, das wir hier entworfen haben, sieht vollständig und klar definiert aus. Es scheint kaum glaublich, dass irgendwelche ungeahnten Existenzbedingungen noch unentdeckt geblieben sind. Wir haben keine neue Idee eingeführt, sondern lediglich alles, was schon immer für jeden sichtbar war, in systematische Form gebracht.

Wir haben bereits gesehen, dass es unbedingt notwendig ist, die Dimension der Hyparxis einzuführen, um Wechselwirkungen zu erklären, und auch, dass Wechselwirkungen Unsicherheit mit sich bringen müssen. Wir können deshalb zur Schlussfolgerung kommen, dass das Risiko eine ebenso unverletzliche Bedingung für die Existenz der Welt ist wie jede der drei anderen.

Wille

MIT DEM BEGRIFF »WILLE« BEZEICHNE ICH EINE KRAFT, die von den vier bestimmenden Bedingungen der Existenz – Raum, Zeit, Ewigkeit und Hyparxis – frei ist, aber dennoch nicht isoliert davon besteht. Die meisten Menschen glauben, dass es in ihnen eine Kraft gibt, die ihnen – zumindest manchmal – erlaubt, frei zu wählen, was sie tun oder nicht tun wollen. Sie würden sagen, dass sie ihren »Willen« gebrauchen. Doch nur jene Forscher, die das Problem des Willens sorgfältig untersucht haben, wissen, wie komplex die Sache ist. Die Willensfrage ist so verwirrend, dass viele Philosophen und Psychologen sich hinter der Behauptung versteckt haben, dass es eine solche Kraft überhaupt nicht gibt. Sie behaupten, dass das Gefühl der Freiheit eine Illusion sei, denn es sei ja nie möglich, mit Gewissheit zu sagen, ob eine bestimmte Person einen Willensakt getan hat oder ob ihr Verhalten automatisch oder bedingt war.

Mir scheint es, dass sich das Rätsel des Willens löst, wenn man annimmt, dass Existenz von den vier bestimmenden Bedingungen geregelt wird. Wenn wir den Willen als »unbedingt«, das heißt ohne die bestimmenden Bedingungen der Existenz definieren, schließen wir ihn zwar aus der existierenden Welt aus, aber wir sagen damit nicht, dass er nichts sei. Darüber hinaus lassen wir eine Tür für eine Wechselwirkung oder den Informationsaustausch zwischen der bedingten und unbedingten Welt offen, und diese Tür ist das Hasard. Wir könnten jedoch nicht über den Willen nachdenken und seinen Platz im Menschen und im Universum, wenn wir keinerlei Modell entwerfen würden, aus dem sich eine Sprache herleiten lässt, in der man von unbedingten Zuständen sprechen kann. Ich will die Ausdrücke »subsistieren« für die Realität der unbedingten und »existieren« für die Realität der bedingten Teile der bestehenden Welt gebrauchen. Diese entsprechen ungefähr den scholastischen Definitionen von Essenz und Existenz und dem hinduistischen Konzept von *arupa*, dem Formlosen, und *rupa*, dem Geformten bzw. Bedingten.

Unsere Einteilung unterscheidet sich jedoch wesentlich von der des französischen Philosophen René Descartes, der von ausgedehnter und denkender Substanz spricht. Denn für uns gehören Gedanken und alle anderen geistigen Vorgänge ebenso zur existierenden Welt wie Dinge und Körper. Außerdem gibt es keine Unterscheidung zwischen dem Beobachtbaren und dem Nichtbeobachtbaren, vielleicht nicht einmal zwischen dem Materiellen und dem Nichtmateriellen, denn unsere Einteilung rechnet zur existierenden Welt auch solche anscheinend nichtmateriellen Dinge wie Bewusstseinszustände und unverwirklichte Potenzialitäten. Es tut mir leid, dass ich Ausdrücke wie »existieren« und »subsistieren« auf ungewohnte Weise verwenden muss, ich hoffe jedoch, dass ich sie klar und unzweideutig definiere. Wir müssen nun Begriffe finden, die es uns ermöglichen, über die unbedingte, aber subsistierende Welt zu sprechen.

Wir könnten vielleicht von einer Idee wie dem »unbedingten Sein der begreifbaren Welt« ausgehen, wie es Philosophen von Plato und Plotinus bis zu den modernen Idealisten getan haben. Dieses Verfahren hat sich jedoch als unfruchtbar erwiesen, denn es verweist die Welt der Erscheinungen unvermeidlich in eine untergeordnete Stellung, und die Ergebnisse haben sehr wenig Bedeutung für das praktische Leben. Wir wollen einen anderen Weg einschlagen und zwar: ein Modell innerhalb der existierenden Welt errichten, es dann aber von Bedingungen befreien.

Das Beispiel eines idealen Gases ist hier zweckdienlich. Helium bei Zimmertemperatur käme der Idee am nächsten. Wenn es jedoch gekühlt und zusammengepresst wird, verflüssigt es sich wie andere Gase, und obwohl die gegenseitige Beeinflussung zwischen den Teilchen gering ist, ist sie immer noch messbar. Um ein ideales Gas zu bekommen, müssen wir unendlich kleine Partikel haben, die sich gegenseitig in keiner Weise beeinflussen. Sie müssen sich mit vollkommener Freiheit bewegen, und wenn sie aufeinander stoßen, muss der Zusammenstoß vollkommen elastisch sein. Gewicht müssen sie haben, sonst könnten wir sie ja überhaupt nicht beobachten. Solch ein Gas hätte die Fähigkeit, sich unendlich auszudehnen, so dass es den ganzen Weltraum ausfüllen kann; es könnte sich aber auch vollständig zusammenzuziehen, so dass es nur einen Punkt in Anspruch nimmt. Es bleibt sich immer gleich – die Zeit bedeutet ihm nichts. Die Zeit könnte sich umkehren und das ideale Gas bliebe unverändert. Es könnte sogar in einen vierdimensionalen Raum versetzt werden und sein Verhalten würde sich dort nicht ändern – obwohl es dort keinen Behälter gäbe, der es fassen könnte. An sich hat es keine potenzielle Energie, und da es von gegenseitiger Beeinflussung frei ist, ist es auch dem Risiko nicht unterworfen. Kurz, an sich und allein genommen, ist es frei von aller Bestimmung und hat keinen Platz in der existierenden

Welt. Wenn wir das Gas aber in ein dreidimensionales Gefäß einschließen können, dann zeitigt es bemerkenswerte Ergebnisse: Es kann gewogen werden und übt Druck auf die Wände des Gefäßes aus und so weiter.

Wir wollen dieses Beispiel nun nutzen, um uns ein Modell des Willens zu machen. Der Wille ist allgegenwärtig und nicht von außen bedingt. Er ist ein unteilbares Ganzes, das sich immer gleich bleibt, und ist dennoch aus einer unendlichen Anzahl von Willenspartikeln zusammengesetzt. Er kann nicht in Wechselwirkung treten mit irgendeinem Teil der Welt, in einem ›Gefäß‹ mit undurchlässigen oder halbdurchlässigen Wänden, kann er indes Druck auf diese Wände ausüben. Er ist zeitlos, raumlos und hat weder Potenzial noch Wechselwirkung, jedoch nur, wenn er keinen Kontakt mit der Existenz hat. Hat er Kontakt mit der Existenz, dann kann er Ergebnisse hervorbringen; diese können jedoch nur in der existierenden Welt beobachtet werden. Der Wille an sich kann nicht beobachtet werden.

Ein ideales Gas ist nicht das einzige mögliche Modell. Elektromagnetische Strahlung könnte uns auch dienen. Auch sie ist »unbedingt«, es sei denn, sie kommt in Kontakt mit existierenden Objekten, wie etwa Atomen. Sie ist allgegenwärtig und unteilbar. Ein weiteres Beispiel, und zwar ein sehr interessantes, ist die Schwerkraft, weil sie einerseits alles durchdringt, man andererseits doch nicht sagen kann, dass sie »existiert«. Schließlich wäre da noch der »Licht tragende Äther«, der immer auf der Grenzlinie zwischen Akzeptanz und Ablehnung als ein wesentlicher Bestandteil der Welt zur Diskussion steht. Falls der Äther existiert, muss er wahrscheinlich von allen oder beinahe allen bestimmenden Bedingungen frei sein.

Sie werden bestimmt gemerkt haben, dass unsere Beschreibung des Willens sich ganz ähnlich wie eine theologische Beschreibung Gottes als Geist liest. Wir mögen der Versuchung unterliegen, daraus zu schließen, dass unsere Ideen von Gott und dem Unbedingten nichts weiter sind als Abstraktionen ähnlicher Art von den beobachteten Eigenschaften der existierenden Welt. Es ist jedoch wahrscheinlicher, dass wir auf Beispiele der strukturellen Analogie zwischen den bedingten und unbedingten Erscheinungsformen gestoßen sind. Keine dieser Analogien ist vollkommen, weil wir ein ideales Gas, die elektromagnetische Strahlung oder die Schwerkraft nicht von allen bestimmenden Bedingungen befreien können, ohne dass uns schließlich nichts mehr übrig bleibt, wovon wir sprechen könnten. Wir können aber einige Züge dieser drei Erscheinungen verbinden und so versuchen, den Willen zu charakterisieren:

1. Der Wille ist allgegenwärtig. Wie die Schwerkraft wirkt auch er auf alles ein, das existiert; er tut dies jedoch unter Berücksichtigung der »Fähigkeit des Existierenden, dafür empfänglich zu sein«, eine Eigenschaft, die analog zur Masse ist.

2. Der Wille ist unteilbar. Wie der Licht tragende Äther vermittelt er Energie, ist aber nicht selbst Energie.

3. Der Wille tritt in Partikeln auf. Gleich einem idealen Gas ist er aus ›Willensatomen‹ oder ›Willensquanten‹ zusammengesetzt, die sich nur dann bemerkbar machen, wenn sie in ein Gefäß eingeschlossen sind.

4. Der Wille ist zeitlos, raumlos, hat kein Potenzial und hat keine Wechselwirkung mit der existierenden Welt.

5. Der Wille tritt innerhalb der existierenden Welt als eine Ursache auf, aber nie als eine Wirkung. Daher erscheint seine Wirkungsweise immer spontan und unvorhersehbar.

Um die Willensteilchen, die den Teilchen eines idealen Gases analog sind, zu bezeichnen, will ich den Ausdruck »Individualität« gebrauchen. Aufgrund der Hypothese, dass der Wille allgegenwärtig ist, muss ein Anteil des Willens dem Menschen zugeordnet sein. Das wollen wir als menschliche Individualität bezeichnen. Ich mag die Ausdrücke »spirituell« oder »geistig« benutzen, um ein nichtbedingtes Element zu bezeichnen, das mit Lebewesen verbunden ist. Ich werde jedoch nicht versuchen, die Bedeutung des Spirituellen zu definieren, noch werde ich es als Teil einer genauen Sprache der unbedingten Welt gebrauchen, die wir als Modell entwerfen wollen.

Ich werde einfach sagen, dass Körper und Geist des Menschen *existieren,* dass er Wahrnehmung und Kenntnisse von der existierenden Welt hat. Er hat jedoch keinerlei Wahrnehmung oder

Kenntnis vom Willen. Durch seine Individualität subsistiert er in der nichtbedingten Welt.

Ich werde gleichfalls sagen, dass der Wille nicht auf den Menschen beschränkt ist. Da er aus ›Atomen‹ besteht, kann ein Willensatom auch in den trägsten Existenzformen subsistieren. Wir können diese mit offenen Gefäßen vergleichen, in denen kein Druck aufgebaut werden kann. Ein »Wesen« ist dann ein Gefäß mit der Fähigkeit, eine gewisse Willenskonzentration einzuschließen. Nur von solchen Gefäßen kann man sagen, dass sie »Wille besitzen«. Allerdings sollte der Ausdruck »besitzen« hier nicht so aufgefasst werden, als ob es bedeutete, der Besitzer sei fähig, auf etwas gezielt einzuwirken. Das Bedingte kann definitionsgemäß niemals aktiv in Bezug auf das Unbedingte sein.

❦

Transformation

DER MENSCH KANN ALS EIN WESEN ANGESEHEN WERDEN, DAS zwei Naturen besitzt, falls wir zwei Welten als gegeben annehmen: eine existierende, bedingte Welt und eine nichtexistierende, nichtbedingte Welt. Diese Definition würde einen absoluten Unterschied beinhalten und die Unmöglichkeit eines Austausches zwischen den beiden Welten, es sei denn, dass wir das Postulat hinzufügen, dass sie aneinandergrenzen und eine gemeinsame Grenzlinie haben, die selbst eine Welt darstellt. Diese Grenzlinie würde eine Rolle spielen, die der einer Oberfläche analog ist, die eine Wechselwirkung zwischen zwei verschiedenen Phasen erlaubt und der Schauplatz einer zweifachen Tätigkeit ist. Die Sonnenwärme zum Beispiel verdampft das Wasser, so dass es Wolken bildet und Regen über die Erde bringt. Und das Sonnenlicht durchdringt und ernährt das Planktonleben, das seinerseits alle Wassergeschöpfe ernährt. Wir können das als ein Modell für diese »Mittelwelt« nehmen, die wir nun näher untersuchen.

Bevor ich fortfahre, möchte ich erklären, dass ich in meinem Werk *The Dramatic Universe* [in Buch 2] drei Bereiche postuliert habe: Tatsachen, Werte und Harmonie. Harmonie ist der Grenzbereich zwischen dem »erkennbaren« Bereich der Tatsachen und dem Bereich der Werte, in dem wir zwar Urteile fällen, aber nicht »wissen« können. Diese Begriffe möchte ich hier weiterentwickeln. Die existierende Welt, die als all das definiert wird, was wirklich, potenziell oder im Übergang vom einen zum anderen ist, schließt unsere Werterfahrung ein, und auch die Aktivitäten, die auf die Verwirklichung von Werten gerichtet sind. Dagegen enthält die nichtbedingte Welt, die wir uns als den Willen vorstellen, der von allen Beschränkungen der Existenz befreit ist, nichts, das wir auf dem Wege der Beobachtung oder des Denkens überprüfen oder nachweisen könnten. Wir könnten eine solche Welt nicht einmal postulieren, wenn es keine Möglichkeit gäbe, uns mit ihr in Verbindung zu setzen.

Der Bereich der Werte hat einen ganz anderen Status. Ich habe zu zeigen versucht, dass er seinen eigenen ihm innewohnenden Aufbau hat, der dem des Tatsachengebietes analog ist, und sein Inhalt im Unterschied zu seiner Form nur auf dem Wege der Intuition und des Urteilsvermögens erfasst werden kann. Es gibt sicherlich eine Analogie zwischen einem Wert als Motivation für eine menschliche Tätigkeit und dem Willen als der Kraft, die der existierenden Welt Leben verleiht. Diese Analogie ist nicht nur formal. Werte treten in der Welt auf, weil in ihr Willensakte möglich sind. Es ist wahrscheinlich am besten zu sagen, dass die Idee von nichtbedingten und bedingten Welten primären Charakter hat und die Idee von Bereichen von Tatsachen und Werten davon abgeleitet ist – sozusagen als eine Projektion der primären Unterscheidung in das existierende Universum. Dieser Vergleich ist nützlich für uns, denn wir können selbst sehen, dass, obwohl Tatsache und Wert vollkommen verschiedener Art sind und nicht ineinander umgewandelt werden können, wir es dennoch mit einer gegenseitigen Durchdringung der beiden zu tun haben. Alles Interessante und Bedeutsame im existierenden Weltall stammt von unserem dauernden Streben, Werte in Tatsachen umzuwandeln und Tatsachen mit Werten auszustatten.

In einem tieferen Sinn, der über unsere Existenz selbst hinausgeht, suchen wir nach der höchsten Bedeutung unseres Lebens in der Vereinigung des Bedingten mit dem Nichtbedingten. Zu diesem Zweck muss das Bedingte einen Teil seiner Bedingtheit, seiner Existenz, abstreifen, und das Nichtbedingte muss einen Teil seiner Freiheit aufgeben. Für diesen zweifachen Prozess gebrauche ich das Wort »Transformation« beziehungsweise »Umwandlung«. Der Grenzbereich, in dem sich die zwei Welten berühren, nenne ich »die Welt der Verwirklichung«, denn Umwandlung ist mehr als bloße Veränderung. Sie ist die Schöpfung einer neuen Wirklichkeit.

Diese neue Wirklichkeit ist von einer Art, die sich von der gegenseitigen Anziehung des Nichtbedingten und des Bedingten herleitet. Diese Art ist die Liebe, und die Liebe hat die einzigartige Eigenschaft, dass sie gleichzeitig nichtbedingt und bedingt ist. Liebe ist ein Willensakt, der nur dadurch möglich wird, dass es eine existierende Welt gibt, die Liebe braucht. Da aber das Nichtbedingte lieben muss, um seine eigene Natur zu erfüllen, bedarf es auch der Welt.

Erfüllung oder Verwirklichung ist möglich, weil die bedingte Welt Lücken hat, in die das Nichtbedingte eindringen kann. Das ist das Risiko der Existenz. Die Dimension der Hyparxis ist die einzige der vier bestimmenden Bedingungen – Raum, Zeit, Ewigkeit und Hyparxis –, die Willensakte zulässt. Wenn die Hyparxis keine Bedingung wäre, sondern nur eine Lockerung der Bedingungen, dann würde sie nicht genau das geben, was notwendig ist. Die Hyparxis ist die Bedingung, die die Interaktionen der existierenden Welt regelt: Sie ist keineswegs geheimnisvoll oder unerkennbar. Ich habe sie mit einer der grundlegenden Größen des physikalischen Weltalls verbunden – nämlich Max Plancks Quantentheorie, die mit Diskontinuität und Ungewissheit zusammenhängt. Ich habe an anderer Stelle auch zu zeigen versucht, dass alle zusammengesetzten Wesenheiten – Moleküle, Kristalle, materielle Objekte, lebende Organismen, der menschliche Verstand und sogar Seelen – ihren Zusammenhang von der Eigenschaft der »gegenseitigen Durchdringung« haben, die allein die Bedingung der Hyparxis ermöglicht.

Ich erwähne das alles, um klar zu machen, dass ich der Überzeugung bin, dass der Wille in der existierenden Welt deshalb wirksam sein kann, weil es Unstetigkeiten und Lücken im Gefüge der Existenz gibt und weil alle Wechselwirkungen vom Risiko begleitet sind. Wenn die Welt unter anderen Bedingungen existieren würde als allein in Raum und Zeit, müsste es auch allgemeingültige Gesetze geben, um ihren Zusammenhalt sicherzustellen; und diese Kombination würde keine Willensfreiheit gewähren, ohne der Natur Gewalt anzutun. Die positivistischen Philosophen, die dem Willen alle Wirklichkeit abstreiten, hatten in den Schlussfolgerungen, die sie aus ihren eigenen Voraussetzungen zogen, ganz recht. Die Schwierigkeit liegt darin, dass es sich inzwischen herausgestellt hat, dass sich ihre Voraussetzungen mit unseren heutigen, reicheren Kenntnissen von der Welt nicht mehr vereinbaren lassen. Es ist überaus wahrscheinlich, dass künftige Generationen Max Planck als den größten mystischen Wissenschaftler der Welt ansehen werden, denn er war es, mehr als Einstein, der es möglich machte, eine völlig neue Kosmologie zu entwerfen.

In dieser neuen Kosmologie nimmt die Umwandlung ihren Platz als Aktion ein, die in ihrer Wirkungsweise bedingt, in ihrer Quelle und ihrem Ziel jedoch unbedingt ist. Diese Aktion ermöglicht es dem Bedingten, seine Bedingtheit abzuwerfen, und dem Nichtbedingten, sich mit einem Werkzeug zu versehen, so dass es innerhalb der existierenden Welt wirken kann.

Obwohl Transformation vom Risiko ermöglicht wird, ist sie völlig in alle bestimmenden Bedingungen verwickelt. Ihre unvergängliche Frucht ist die ewige Struktur der Potenzialitäten, die die Seele sowohl des Menschen als auch der Gemeinschaft ist. Obwohl die Umwandlung in diesem Sinne zeitlos ist, ist sie dennoch durchaus historisch. Sie ist die positive Zeitrichtung, die einen

TRANSFORMATION

Höhepunkt in dem sichtbaren, im Raum ausgedehnten Gefüge einer völlig verwirklichten menschlichen Gesellschaft hat. Wir können durch Analogie mehr darüber lernen, denn wir können alle Elemente beobachten oder auf sie schließen, die in ihrem Zusammenwirken die Umwandlung ausmachen.

Unsicherheit im
wissenschaftlichen Denken[60]

BEI UNSERER DISKUSSION ÜBER DIE STRUKTURELLEN HYPOthesen der wissenschaftlichen Methodologie gab es meinem Eindruck nach ein Beispiel, bei dem wir gerade begannen, die Möglichkeit von etwas zu erkennen, das näher untersucht werden sollte. Tatsächlich war es ungeheuer fruchtbar, weil es ein integrales Bild der wissenschaftlichen Aktivitäten versprach, das man sonst nirgendwo findet. Persönlich war ich sehr stark beeindruckt durch die Idee eines Bereichs des Potenziellen, die sich aus der Diskussion ergab. Jedes bekannte Gebiet der wissenschaftlichen Forschung sollte nicht so sehr als etwas betrachtet werden, das man wissen kann, sondern eher als einen Bereich der möglichen Erfahrung für die Menschen, für die Teilhabe an einem Weltprozess, der sich nie innerhalb unserer Erfahrung erschöpft und sogar wahrscheinlich unerschöpflich ist, so dass sogar solche einfachen Dinge wie gleichförmige Bewegungen voller Potenziale bleiben. Bewegung ist eines der einfachsten Erscheinungen für den Menschen, dennoch ist sie auch außergewöhnlich, wenn wir erkennen, dass sogar eine offensichtlich einfache Angelegenheit wie das Dreikörperproblem[61] nicht auf ganz allgemeine Weise gelöst werden kann.

Das führt mich zu einem Gedanken über die wichtige Bedeutung einer viel allgemeineren Unsicherheit in der wissenschaftlichen Tätigkeit, die über die Unschärferelation von Werner Karl Heisenberg hinausgeht. Selbst für solche Probleme, die mit allgemeingültigen Sätzen gelöst werden können, ist es ganz wichtig, sich das Ausmaß zu vergegenwärtigen, in dem willkürliche Ver-

60. Eine Zusammenfassung eines Seminars von John G. Bennett von 1964, bearbeitet von Ken W. Pledge.
61. Anmerkung des Übersetzers: Das Dreikörperproblem in der Physik: Stellen Sie sich vor, dass drei Körper oder Massen im Weltraum interagieren. In diesem Falle ist es unmöglich vorherzusagen, welche Wege sie gehen werden. Ganz anders als die Bewegungen von zwei Körpern wie Erde und Sonne, die genau berechnet werden können. Das ist auch ein Beispiel für den physikalischen Unterschied zwischen Dyade und Triade (Systeme in der von Bennett entwickelten Methode *Systematics*). Das Außerordentliche ist, dass etwas, das so einfach zu sein scheint wie Bewegung, eine solche Unsicherheit aufzeigt. Interessant in diesem Zusammenhang ist auch, dass Bennett lange vor dem Aufkommen der Chaostheorie über solche Probleme nachgedacht hat und gewissermaßen sich bereits dieser Theorie annäherte.

einfachungen gemacht werden müssen, sogar auf Gebieten, die so scharf umrissen sind wie die »exakten Wissenschaften«. Jeder, der einmal etwas mit den ›exakten‹ Wissenschaften zu tun hatte, wundert sich, wie dieses Wort je aufgebracht werden konnte. Wenn Sie sich durch Albert Einsteins Originalpapiere über die Allgemeine Relativitätstheorie durcharbeiten und sehen, was er an jedem kritischen Schritt macht, wundern Sie sich bestimmt, wie er überhaupt den Mut hatte, diese Theorie vorzulegen, auch wenn sie Ergebnisse hervorbrachte, die äußerst aufregend und wichtig sind. Erst wenn er bei seiner Interpretation über den Riemann-Christoffell-Tensor ankommt, beginnt man zu denken, dass seine Theorie stimmt.[62] Es gibt andere Fälle dieser Art, zum Beispiel die Theoreme des Schweizer Physikers Leonhard Euler, bei denen Sie kaum nachvollziehen können, wie er diese überhaupt entwickelt hat.

62. Anmerkung des Herausgebers: Bennett hatte 1956 eine Kritik zu Einsteins Relativitätstheorie geschrieben:
»Die ersten Schritte, mit denen Einstein seine Allgemeine Relativitätstheorie entwickelt, bestehen aus bestimmten Annahmen hinsichtlich der Weise, in der Messungen in Raum und Zeit gemacht werden, die sich auf die vier Koordinaten beziehen (drei Raum- und eine Zeitdimension). Diese Annahmen, die streng genommen nur auf einen infinitesimal kleinen Bereich zutreffen, bei dem die lokalen Beschleunigungen vernachlässigt werden können, führen zum invarianten Ausdruck für das Quadrat des linearen Elements. Der nächste Schritt besteht darin, eine entsprechende Annahme auszuwählen hinsichtlich der Weise, in der die Verallgemeinerung auf nichtlineare Bewegungen angewandt werden kann. Dies führt dann zum Entwurf bestimmter symmetrischer Bedingungen, die die Messungen erfüllen müssen. Der dritte Schritt geht direkt auf die Gesetze von Momentum und Energie durch die Nutzung der Hamilton-Funktion ein.
In seiner ersten Darlegung der Theorie gab sich Einstein große Mühe, diese Annahmen plausibel zu machen, indem er an unsere Intuition appellierte, dass es kein besonderes Referenzsystem geben kann, das der Verwirklichung eines willkürlichen Ganzen entsprechen kann. Er zeigte auch, dass seine Bewegungsgleichungen erfolgreicher darin waren, Phänomene auf Fakten zu reduzieren, als jene von Newton, insbesondere bezüglich des Verhaltens von Licht in einem Gravitationsfeld. Kurz nachdem Einstein seine Allgemeine Relativitätstheorie veröffentlicht hatte, zeigte der englische Mathematiker Alfred North Whitehead, dass die Gleichungen, die dazu dienen, die beobachteten Fakten zu beschreiben, ohne jene besondere Annahme aufgestellt werden können, die Einstein hinsichtlich der Weise macht, in der physikalische Messungen auf die Koordinaten bezogen werden sollten.
Einstein behauptete richtig, dass die mathematischen Instrumente, die er für seine Entwicklung der Tensorrechnung geschaffen hatte, ein Mittel darstellten, um physikalische Gesetze der Materie zu verallgemeinern, so dass sie in die Allgemeine Relativitätstheorie passten. Das ist eine Errungenschaft von höchster

Interessanterweise dachte ich soeben an ein Beispiel aus der Zahlentheorie. Man mag gut gedacht haben: »Ja, hier ist sie, wenn es sie überhaupt gibt, die ›exakte‹ Wissenschaft. Wir beschäftigen uns, sagen wir, nur mit den Eigenschaften der Reihe von positiven ganzen Zahlen. Wie kann es dabei irgendetwas geben, das Zweifel und Unsicherheit hervorruft?« Wenn Sie jedoch anfangen, die Primzahlen zu betrachten und irgendeine der besonderen Primzahlen reichen Gleichungen Eulers studieren, erkennen Sie sofort, dass sie die höchst besondere Qualität der Unsicherheit besitzen. Sie können nicht herausfinden, wieviel Primzahlen es gibt und auch nicht, wie Sie vorhersagen können, ob eine bestimmte Zahl eine Primzahl ist oder nicht. Es ist nur sehr wahrscheinlich, dass die Zahlen, die durch eine besondere Gleichung generiert werden, eine größere Anzahl von Primzahlen ergeben.

Ist es nicht außerordentlich, dass Sie selbst bei der Beschäftigung mit den positiven ganzen Zahlen ein solches Maß an Unge-

Brillanz, doch wir sollten uns nicht blenden lassen in Bezug auf den willkürlichen Charakter der gemachten Annahmen. Einstein selbst behauptete, dass das allgemeine Relativitätsprinzip ›uns an den Einfluss des Gravitationsfeldes in allen Prozessen gewöhnt, ohne dass wir irgendeine neue Hypothese einführen müssten‹. Er bemerkte darüber hinaus, dass ›es sich ergibt, dass es nicht notwendig ist, bestimmte Annahmen hinsichtlich der physikalischen Natur der Materie [im engeren Sinne] einzuführen. Insbesondere mag es eine offene Frage bleiben, ob die Theorie des elektromagnetischen Feldes in Verbindung mit der des Gravitationsfeldes eine ausreichende Basis für die Theorie der Materie hergibt oder nicht. Das allgemeine Postulat der Relativität ist im Prinzip nicht fähig, uns irgendetwas darüber zu sagen.‹

Wenn wir diese Aussage unter der Terminologie betrachten, die wir entwickelt haben, ist dies ein Eingeständnis, dass die Allgemeine Relativitätstheorie keine existentielle Hypothese und daher nicht generell auf Phänomene anwendbar ist. Die Geschichte der Theorie über den Zeitraum von 35 Jahren, seit sie das erste Mal formuliert wurde, bestätigt diese Schlussfolgerung vollständig. Die Erwartung, dass die Verbindung der Theorien des Elektromagnetismus und der Gravitation eine angemessene Aussage über die Materie ergebe, wurde nicht erfüllt. Tatsächlich tendierte die Physik zur Aufgabe der Hoffnung, eine tiefere Einsicht in das Wesen der physikalischen Welt gewinnen zu können, und nahm stattdessen Zuflucht zu ihrer symbolischen Beschreibung als mathematisch konsistent, wenn auch nicht physikalisch verständlich. Heisenberg schrieb 1952: ›Es sollte angemerkt werden, dass der Status des eingeschränkten und der des allgemeinen Relativitätsprinzips sehr unterschiedlich sind. Die ganze moderne Physiktheorie ist durchdrungen von den Folgen der speziellen Relativität, während die allgemeine Theorie eine geniale und eindrucksvolle Spekulation geblieben ist, die wenig zum Fortschritt in der Physik beitrug.‹« (Zitiert aus TDU, Band 1, *The Foundations of Natural Philosophy*, Anhang 1, Seiten 493–494).

wissheit darüber antreffen, was Sie herausfinden werden? Wenn es sich hierbei schon so verhält, bei einer der »exaktesten« aller möglichen Fachrichtungen, wie viel mehr Ungewissheit muss es geben, wenn wir uns mit irgendeinem der »ungenaueren« Gebiete beschäftigen, wo wir es mit Daten zu tun haben, die von der Sinneswahrnehmung abhängen?

Wegen der Notwendigkeit zu vereinfachen und künstliche und konventionelle Annahmen aufzustellen, um mit der Datenmenge fertig zu werden, mit der wir es zu tun haben, wird die dadurch eingeführte Unsicherheit unkalkulierbar. Doch weil das dauernd so gemacht wird, gibt es selbst unter den Wissenschaftlern eine Tendenz, das Ausmaß der Häufigkeit der unsicheren Ergebnisse zu vergessen. Dieses Verfahren ist nur aus einem Grund erfolgreich: Es ist durch die Tatsache gerechtfertigt, dass es funktioniert. Im Falle von Einsteins allgemeiner Relativität zum Beispiel ist die einzig mögliche Rechtfertigung, die ich mir für sein Auswahlverfahren vorstellen kann, dass er schließlich zu einem Ergebnis kam, das funktionierte.

Was auf diesen besonderen Fall zutrifft, ist auch dort allgemein gültig, wo in wissenschaftlichen Gedankengebäuden etwas auftritt, was sich vernünftig anhört. Tatsächlich ist das Einzige, woran Sie sich halten müssen, dass Sie durch bestimmte Vermutungen und willkürliche Auswahl wirklich zu Ergebnissen gelangen, die funktionieren! Wie gesagt, ich denke, diese Tatsache ist für die meisten Menschen offensichtlich, die stärker in Berührung mit den so genannten exakten Wissenschaften sind; denn gerade dort werden diese willkürlichen Annahmen erschreckend deutlich.[63] Selbstverständlich ist diese Sache in der heutigen Mathematik der Naturwissenschaften schon beinahe zu wahr, um witzig zu sein, dennoch gibt es immer wieder stichhaltige Resultate, wie wir an Gell-Manns Omega-Minus-Teilchen sehen.[64]

63. Anmerkung des Herausgebers: 1961 sagte Murray Gell-Mann die Existenz eines neuen »Omega-Minus« Hyperons voraus. Die symmetrische Gruppe SU(3), welche die Muster einer Anzahl von miteinander verbundenen Partikeln ausdrückt, postulierte auch die Existenz dieses Partikels. Im Jahre 1964 wurde ein solches auf einer Blasenkammer-Fotografie des Brookhaven Laboratory entdeckt. Siehe dazu I. S. Hughes: *Elementary Particles*, New York 1972, Kapitel 10.

64. Anmerkung des Herausgebers: Gell-Mann zitiert in P.A.M. Dirac: *Aspects of Quantum Theory*, Cambridge 1972, Seite 10: »Ich hatte schon ziemlich früh die Idee, dass alles in der Natur nur eine Annäherung sei und dass die Wissenschaft sich auf Dauer immer mehr durch genaue Annäherungen entwickeln, aber nie

Darstellung durch die Tetrade

Das ist allerdings nur ein Teil der ganzen Schwierigkeit. Wenn wir das Modell der Tetrade verwenden (siehe Abbildung) und Sprache und Kommunikation untersuchen, wird es offensichtlich, dass es keinerlei Eins-zu-Eins-Entsprechung zwischen Symbolen und Ideen geben kann, die für die Darstellung perfekter Kommunikation erforderlich wäre. Es gibt nichts, was dieser auch nur annähernd gleichkäme. Man erkennt dann, dass durch die Abstraktion bei der Übertragung von Erfahrungen – entweder von Person zu Person oder von Vergangenheit zur Zukunft oder was auch immer – jede Art der Kommunikation immer wieder Unsicherheitsfaktoren einführt, weil man nie die ganze Erfahrung vollständig weitergeben kann. Man muss daher versuchen, sie mit Hilfe eines Zeichens oder Symbols zu kommunizieren, das, egal was es auch sein möge, notwendigerweise unzureichend sein wird.

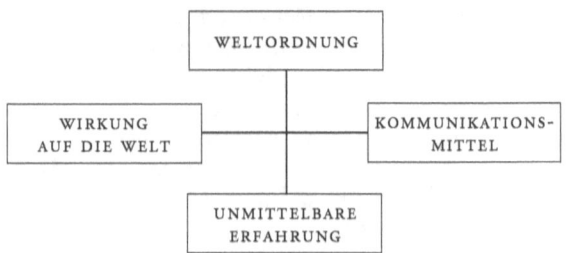

Tetrade der vier Hauptparameter, die aus der wissenschaftlichen Aktivität resultieren

Mit Hilfe dieses Diagramms wird deutlich, wie in allen Arten der Kommunikation die Unsicherheit eingeführt wird. Die Unsicherheit wird zunehmend größer, wenn die Ideen größere Verallgemeinerungen erfahren und daher größere Bedeutung er-

vollständige Exaktheit erreichen würde. Ich kam zu dieser Ansicht durch meine Ingenieurausbildung, die mich ziemlich geprägt hat. Unsere gegenwärtige Quantentheorie ist wahrscheinlich nur eine Annäherung an die Fortschritte in der Zukunft. Ich denke, dass einige neue Ideen gebraucht werden, um aus den Schwierigkeiten der heutigen Physik herauszukommen, und dass diese Ideen eine nach der anderen in Zeitintervallen von wenigen Jahren entstehen werden.«

halten. Dieser Fakt wiederum wird abgefedert durch die Tatsache, dass Kommunikation funktioniert; doch wir sollten klar erkennen, dass sie nur funktioniert, weil etwas anderes, das nicht im Kommunikationsmodell enthalten ist, ebenfalls daran beteiligt ist. Während unserer mehrtägigen Zusammenarbeit in diesem Workshop hat die Diskussion gezeigt, wie die Ungewissheiten, die die Kommunikation umgeben – Sprache, Ausdruck und so weiter – jede wissenschaftliche Aktivität durchdringen.

Eine der Schwierigkeiten beim Transfer von Erfahrungspaketen von einer Zeit in eine andere ist zum Beispiel, dass die allgemeine »Gedankenatmosphäre« die Bedeutung von Worten in einem Jahrhundert ganz anders färbt als in einem anderen. Wenn Sie zum Beispiel die Schriften von jemanden lesen, der vor zweihundert oder vor zweitausend Jahren lebte, nehmen Sie unbewusst an, dass die Worte oder die Zeichen oder Teile aus dem allgemeinen Zusammenhang Ihnen etwas vermitteln, das Ihrem eigenen Erfahrungskontext entspricht. All dies, was wie eine allgemeine menschliche Schwäche aussieht, ist auch von grundlegender Bedeutung für unser Verstehen des menschlichen Denkens. Die wirkliche Frage, die hier auftaucht, ist: »Wie kann man dieses Problem ausgleichen oder überwinden?« Angesichts der Tatsache, dass man immer nur einen kleinen Ausschnitt dessen weitergeben kann, was man einem anderen vermitteln will – so wie ich jetzt versuche, bestimmte Erfahrungspakete aus meinem eigenen Verstand zu Ihrem zu übertragen –, stellt sich die Frage, wie es kommt, dass Kommunikation überhaupt erfolgreich stattfindet, wenn Sie die Unwahrscheinlichkeit in Betracht ziehen, dass sie überhaupt funktioniert?

Wenn wir uns von hier aus jenem Element der Tetrade zuwenden, das sich von unserem »Wirken auf die Welt« herleitet, sehen wir, dass auch dieses voller eigener Begrenzungen und Unsicherheitsquellen steckt. Da gibt es vor allem die Beschränkungen des menschlichen Organismus. Der Mensch ist ein ›Staubkorn‹ im Universum, und seine Lebensdauer ist für vieles unangenehm kurz. So können zum Beispiel nur wenige von uns erwarten, eine Supernova während ihres Lebens zu sehen.[65] Es gibt wahrscheinlich eine enorme Zahl von Tatsachen über das Universum, die wir

---

65. Anmerkung des Herausgebers: »Im gesamten Universum entsteht jede Sekunde eine Supernova, doch leider sind diese sehr weit entfernt und werden deshalb selten gesichtet. Astronomen bemerken deswegen nur wenige Dutzend

unmöglich während unserer kurzen Lebenszeit erfahren können. Viele andere Dinge können verpasst werden, weil es unmöglich ist, sie angemessen aufzuzeichnen. Es mag bestimmte Zusammentreffen geben, die extrem wichtig sind, aber nur auf einem viel größeren Maßstab als unserer eigenen Lebenszeit. Solch eine Koinzidenz könnte tatsächlich unsere Erfahrung beeinflussen, wenn wir sie bemerkten: zum Beispiel wenn im Jahre 864 irgendetwas geschehen wäre, das etwas anderem sehr ähnlich war, das im Jahre 1964 geschah. Doch es könnte der Person, die es 864 erlebt hatte, unmöglich bewusst geworden sein, dass dieses Ereignis für jemanden relevant ist, der 1100 Jahre später lebt.

Natürlich gibt es auch die Beschränkungen unserer Sinneswahrnehmungen und Sinnesorgane. Wir können diese zwar mit Hilfe von Instrumenten erweitern, doch bleibt dies immer mehr oder weniger eine Erweiterungen derselben Art. So können wir beispielsweise die Wahrnehmung elektromagnetischer Strahlung im sichtbaren Bereich mit Hilfe von Instrumenten auf die Wahrnehmung im nicht sichtbaren Bereich bis auf beinahe jede Wellenlänge ausdehnen. Nehmen wir jedoch an, dass es andere Phänomene in der Welt gibt, die überhaupt nicht irgendetwas Bekanntem entsprechen, das wir durch unsere Sinneswahrnehmung kennen: Wie können wir ihre Gegenwart erraten und Instrumente entwickeln, um sie zu entdecken?

Wir müssen uns klarmachen, dass es in diesem Prozess der physischen Aktion in erster Linie extreme Einschränkungen unserer Fähigkeit des Wirkens auf die Welt gibt, einschließlich der reinen Beobachtung ohne zu handeln, wie es zum Beispiel der Astronom

---

der Millionen Supernovae, die jedes Jahr explodieren. Jede von ihnen erscheint wie ein hell leuchtender Stern (daher der Begriff) an einer Stelle, wo vorher kein Stern sichtbar war. Im Februar 1987 erschien die Supernova mit Katalognummer SN 1987A in der Magellanschen Wolke (unserer Nachbargalaxie). Es war bei weitem die nächste Supernova, die bisher mit wissenschaftlichen Instrumenten beobachtet wurde. Bei den höchst bedeutenden Beobachtungen registrierten mehrere Wissenschaftsgruppen Teilchenfunken in Wassertanks und schlossen, dass sie durch Neutrinos dieser Supernova erzeugt worden waren, welche auf die Wassermoleküle trafen, nicht mehr als zwei Dutzend Neutrinos von Zehntausenden von Abermillionen die durch die Tanks hindurchgingen. Die komplexen Kalkulationen der Entstehung eines Neutronensterns in einer anderen Galaxie passten exakt zu dieser Beobachtung.« Aus: Laurence A. Marschall: *The Supernova Story*, New York 1988. Zitiert in P. Murdin: *Triumph of the Imagination. New Scientist*, Februar 1989.

tut. Doch es gibt noch andere Faktoren der Ungenauigkeit, des Irrtums, der Begrenzungen der Messgeräte, der fehlerhaften Veranschaulichung im Hinblick auf die Wahl der Aktionen, die wir zu unternehmen gedenken, und so weiter. Was wir in das Kästchen auf der linken Seite der Tetrade hineinpacken, ist nicht nur das ganze Material, das der Wissenschaftler absichtlich ausgewählt hat, sondern auch das, das all diesen anderen Beschränkungen unterliegt. Seine systemischen Irrtümer sind völlig unbehandelbar, weil es nichts in ihm gibt, das diese Irrtümer aufdecken könnte, um sie eventuell zu berichtigen. Diese Seite sollte man nicht vergessen.

Nun besteht auch noch die Frage, ob die Weltordnung zumindest verlässlich ist, das heißt, ob das obere Kästchen etwas enthält, ein eigenes Prinzip, auf das man sich verlassen kann. Erstens haben wir gesehen, dass bestimmte Arten von Prinzipien, die aus dem oberen Kästchen kommen, sich gegenseitig widersprechen und zu Absurditäten führen, wenn wir sie bis zum Äußersten führen; aber es gibt vermutlich noch mehr Probleme. Es scheint, dass es sogar Hinweise auf eine bestimmte, inhärente Unsicherheit in der Weltordnung selbst gibt.

Dies kann durch die Untersuchung von Ereignissen auf verschiedenen Ebenen illustriert werden, wie Ereignisse auf der molekularen Ebene und auf der Ebene von materiellen Objekten, einer Spanne von kleinen Wassertropfen bis hin zu verschiedensten technischen Geräten. Zwischen diesen Bereichen gibt es einen Zwischenbereich, den Bereich der Kolloide oder der Brownschen Bewegung, der Stoffe also, die sich in feinster, mikroskopisch nicht mehr erkennbarer Verteilung in einer Flüssigkeit oder einem Gas befinden. Es ist möglich, diese Bereiche zu unterteilen und zu sagen, dass man sie dann als eine molekulare oder mikroskopisch kleine Welt ansehen kann; doch in Wahrheit ist die Charakteristik dieser Zwischenregion, dass sie Unsicherheiten und Unwägbarkeiten einführt. Es ist unmöglich, irgendetwas daraus zu extrapolieren, wie zwischen einem Bereich und einem anderen, nicht wegen der Schwierigkeiten der Integration, sondern weil eine bestimmte qualitative Veränderung den Wechsel der Ebene begleitet.

So scheint es, als ob die Weltordnung etwas an sich hat, das einer zwischenbereichlichen Unklarheit entspricht; doch es gibt ebenso eine zwischenbereichliche Unbeständigkeit, das heißt, man hat es in solchen Regionen nicht mit genau umrissenen Einheiten zu tun, wie zum Beispiel auf der atomaren Ebene, von der man weiß, dass man es mit einer Reihe von vermeintlich identischen Objekten zu tun hat. In einer Zwischenregion sieht man im Gegenteil überall, dass man es mit Dingen zu tun hat, die an sich bereits veränderlich sind.

Es gibt noch eine andere Sache, die ich über den Prozess unserer Wirkung auf die Welt erwähnen muss, und das ist die Art der Unsicherheit von Messungen, die in Heisenbergs Unschärferelation beschrieben ist. Das hat mit der Tatsache zu tun, dass man die Messungen in unterscheidbaren Schritten vollziehen muss. Einfach beschreiben könnte man diese Angelegenheit mit dem Satz: »Sie können für ein Pfund Tee nicht genau bezahlen, wenn Sie keine genaue Menge von Cents dafür haben.« Das ist die allgemeine Beschränkung der Wissbarkeit der Welt; doch diese Art der enthaltenen Unsicherheit aufgrund der genau abgegrenzten Schritte die man machen muss, wenn man irgendeinen Übergang vollziehen will, kann auch in der ganzen Weltordnung enthalten sein.

Da, wo sich diese vier unterschiedlichen Quellen der dargestellten Tetrade treffen, gibt es verschiedene andere Unsicherheiten, die durch die unvollkommene Verbundenheit zwischen den abstrakten Mengen entstehen, die sie beinhalten. Das heißt, wir sind nicht in der Lage, genau auszuwählen, was wir in die entsprechenden Kästchen füllen, um eine wissenschaftliche Forschung zu entwickeln, die in einem der einzelnen Bereiche effektiv funktioniert. Diesen Umstand sieht man im kleinen Maßstab in der Idee der schwachen Wechselwirkungen und in großem Maßstab in dieser Tetrade.

Sagen wir einmal, Sie arbeiteten auf Grundlage der Hypothese, dass es eine vollständige gegenseitige Beziehung zwischen den vier Elementen des Modells gibt. Ihre Sprache und Ihre Daten müssen übereinstimmen, zumindest soweit dies möglich ist, und sie müssen eine vollständige Übereinstimmung über die horizontale Linie der Tetrade aufweisen. Daher gibt es immer nur eine schwache Verbindung zwischen den Daten, die aus unserer Wirkung auf die Welt abgeleitet werden, und den Ausdrucksweisen, die aus unserer Anstrengung herkommen, sie zu kommunizieren.

Vergleichsweise gibt es eine bestimmte inhärente Beschränkung der Verbindung zwischen der unmittelbaren Erfahrung und der Weltordnung. Das ist ganz offensichtlich, weil wir eine direkte Erfahrung nur in einem äußerst kleinen Segment der ganzen

Weltordnung machen können, sogar wenn wir uns dieses Kästchen mit der vollständigen Erfahrung der Menschheit angefüllt vorstellen, einschließlich vergangener, gegenwärtiger und zukünftiger Erfahrungen.

Zufälle und Zufälligkeiten

Es gibt noch ein oder zwei weitere Dinge über das Thema der Unsicherheit zu sagen. Erstens besteht die Frage, ob Zufall als ein notwendiger und unvermeidbarer Faktor wissenschaftlicher Forschung angesehen werden muss. Mit »Zufall« meine ich einfach »das Zusammentreffen von kausalen Abfolgen, die keine gemeinsame Ursache haben, außer im Gesamtzusammenhang aller Dinge.« Nehmen wir zum Beispiel an, dass ein sich schnell bewegendes Teilchen aus dem Zentrum der Galaxie zufälligerweise eine genetische Mutation in einem Lebewesen auf der Erde verursacht und auf diese Weise entweder ein Monster oder ein Genie hervorbringt. In diesem Fall ist es nicht möglich, von einem »kausal verbundenen« Prozess zu sprechen. Die Ursprünge der zwei Aspekte, das heißt die genetische Disposition der Eltern und das zufällige Teilchen, das gerade im Moment der Empfängnis eintrifft, sind völlig ohne Verbindung, und die sich daraus ergebende Interferenz mit dieser genetischen Struktur ist völlig zufällig.

Ich habe hier ein extremes Beispiel gewählt, doch tatsächlich ist die Welt im Großen und Ganzen durchzogen von unvorhersehbaren Verbindungen dieser Art. Ein gutes Beispiel dafür ist der Meteorit, der 1906 auf eine unbewohnte Gegend in Sibirien fiel und einen Krater von über einer Meile im Durchmesser erzeugte, den man heute noch sehen kann.[66] Gibt es irgendeine Erklärung für die Tatsache, dass der Meteorit genau an diese Stelle fiel und

---

66. Anmerkung des Herausgebers: Der große sibirische Meteorit von 1906 war der mächtigste Einschlag auf der Erde, seit es Aufzeichnungen gibt, und verursachte unvorstellbare Zerstörungen über ein großes Gebiet. Seine Masse wurde auf 40 000 Tonnen geschätzt. »Der Fall eines Meteoriten ist ein seltenes Ereignis. Man schätzt, dass jährlich ungefähr 500 auf die Erde fallen. Da die Ozeane 70 Prozent der Erdoberfläche bedecken, fallen davon vielleicht 100 bis 150 aufs Land.« Zitiert in einem Artikel von B. Mason in *Understanding Earth, A Reader in the Earth Sciences*, edited by I.G. Gas, P.J. Smith and R.C.L. Wilson, Artemis Press for Open University Press, Sussex, England, 1972.

nicht auf London?⁶⁷ Es scheint, dass die Wissenschaft solche Ereignisse nicht durch gewöhnliche Erklärungsmuster beschreiben kann. Solche Dinge geschehen unvorhersehbar, unberechenbar und sind unerklärlich. Wenn sie in den genannten Beispielen geschehen konnten, dann müssen wir die Möglichkeit zugeben, dass sie auf jeder Ebene zu jeder Zeit vorkommen können.

Ein anderes Beispiel geschieht in unseren gewohnten Laborvorgängen, bei denen Messungen und Tests gemacht werden. Bei einer großen Anzahl von Tests, die der statistischen Wahrscheinlichkeitsanforderung genügen, kommt es vor, dass man extreme oder unstimmige Ergebnisse aus der Testreihe ausschließt, bevor man letzte Genauigkeitstests durchführt. Ich habe mich schon oft gewundert, ob diese abweichenden Ergebnisse tatsächlich auf Testfehler hinweisen. Ein kurzer Augenblick von Unachtsamkeit des Laboranten oder sonst etwas kann dieses abweichende Ergebnis verursacht haben, das wir nun wegwerfen. Was auch immer der Fall sein mag, das abweichende Ergebnis ist vorhanden.

Es ist wohl bekannt, dass diese Anomalien manchmal potenziell von enormer Bedeutung sind und etwas gezeigt haben, das sehr viel wesentlicher als das tatsächlich durchgeführte Experiment ist. Das abweichende Ergebnis wurde jedoch ausgeschlossen, weil man es einfach als fehlerhaft ansah – in Abweichung von der Wahrscheinlichkeitsverteilung – und man es daher nicht in Betracht gezogen hat.

Forscher, die eine umfangreiche Zahl von Beobachtungsreihen untersucht haben, sollen festgestellt haben, dass die Wahrscheinlichkeitsfolge der Gauß-Verteilung bei sehr großen Zahlen nicht bewiesen werden kann. Die aus gewöhnlichen statistischen Vorgehensweisen zu erwartende Häufigkeit von sehr unwahrscheinlichen Ergebnissen wird falsifiziert, so dass diese öfter vorkommen als man erwartet.

Dies kann man nicht allein Fehlern in der Gauß-Verteilung zuschreiben. Für einige Fälle, wie bei der Verteilung der Zahlen beim

---

67. Ein anderes derartiges Unglück war der kolossale Ausbruch des Unterwasservulkans auf Santorin um etwa 1500 v. Chr., eine Katastrophe, welche möglicherweise die damalige minoische Zivilisation mit Hauptsitz auf Kreta auslöschte. Siehe auch: John G. Bennett: *New Light on Atlantis and the Exodus. Systematics*, Band 1, September 1963, Seite 127; W. Downy and D. Darling: *The End of the Minoan Civilization. New Scientist*, 13. September 1984; S. Manning: *A New Age for Minoan Crete. New Scientist*, 11. Februar 1989.

Roulette in Monte Carlo, gibt es genaue und sorgfältig bewahrte Aufzeichnungen, die sehr große Abweichungen der erwarteten Häufigkeit bestätigen. Auf jeden Fall konnte das über einen Zeitraum von mindestens fünfzig Jahren deutlich demonstriert werden. Ich glaube, dass dies auch auf andere Fälle zutrifft. Gewöhnlich betrachtet man diese Sache als ein Randproblem; doch es kann sein, dass es etwas offenbart, das wesentlich wichtiger ist und unbedingt in Betracht gezogen werden muss. Nämlich, dass es überall in der Regelmäßigkeit der Weltordnung Einschränkungen gibt und dass diese Beschränkungen unterschiedlicher Natur sind.

Damit taucht die Frage auf, ob es trotzdem etwas anderes geben könnte, das sich von diesen »zufälligen« Vorkommnissen unterscheidet, etwas das den Charakter einer reinen spontanen Veränderung hat, in der es eine ursächliche Zufälligkeit und Unbestimmbarkeit gibt. Vielleicht gibt es keine Möglichkeit, diese These auch nur annähernd zu verifizieren; es ist vielleicht sogar unmöglich zu behaupten, sie sei wahrscheinlich richtig. Denn wenn eine scheinbar spontane Veränderung auftritt, wie zum Beispiel ein Atomzerfall, und es Ihnen in den meisten Fällen nicht gelingt, dafür eine Ursache zu erkennen, so können Sie doch nie sicher sein, ob die Veränderung nicht trotzdem zum Potenzial desjenigen Phänomens gehört, das man eines Tages schliesslich als ihre Ursache identifizieren wird. Es scheint mir deshalb, dass alle augenscheinlich spontanen Veränderungen unvermeidlich als dauerhaftes Fragezeichen bestehen bleiben, das wissenschaftliches Denken begleitet.

Drei Arten des Denkens

Ich habe Ihnen nun eine Menge Arten der Unsicherheit vorgestellt, die wissenschaftliche Aktivitäten begleiten und die ebenso notwendigerweise in das wissenschaftliche Denken einfließen. Es scheint, dass man diese Sache weiter untersuchen sollte und dass bestimmte Systematisierungen möglich werden könnten, wenn man die Ursachen der Unsicherheit in Beziehung zu den verschiedensten Systemen setzt, wie ich es am Beispiel der Tetrade dargestellt habe. Eine weitere interessante Sache gibt es noch, die wir näher betrachten sollten; sie führt uns zurück zur Diskussion über die Dyade, das Zweibegriffsystem. Es geht dabei um die Bedeutung der kausalen und nichtkausalen Erklärungen in den Wissenschaften.

Die Bedeutung der »Nichterklärbarkeit« in der Wissenschaft ist ebenfalls etwas, das man in Erwägung ziehen sollte. Damit meine ich die Akzeptanz, dass es bestimmte Dinge gibt, die von Natur aus nicht erklärt werden können, und es wäre eine Dummheit, sie erklären zu wollen. Wenn man sich in eine derartige Situation begibt, beginnt man die Arten der Dinge zu erkennen, die man nicht zu erklären versuchen sollte, weil sie nicht in diese Kategorie gehören. Das bedeutet nicht, dass man nicht fähig wäre, etwas herauszufinden, das in solchen Situationen funktioniert. Man kann daraus keineswegs folgern, dass man mit etwas, das nicht erklärt werden kann, nicht umgehen könnte.

Dies ist im gewöhnlichen Leben offensichtlich, weil die Menschen dauernd mit Sachen umgehen, die sie erfolgreich anwenden, aber nicht erklären können. Die Frage ist, ob daraus ein grundlegendes Prinzip des Verstehens postuliert werden könnte oder sollte. Sollte der Glaube, dass die wissenschaftliche Suche nach endgültigen, vollständigen Erklärungen einen Wert besitzt, vollständig aufgegeben werden? Tut man dies, muss er ersetzt werden durch die Erkenntnis, dass verschiedene Arten des Denkens erforderlich sind, um mit verschiedenen Arten von Elementen der Welt umgehen zu können. Einige Elemente sollten unter dem Aspekt der Einsicht, in das was sie sind, untersucht werden, das heißt strukturell. Andere sollten einfach als unerklärliche Zufälle und Zufälligkeiten akzeptiert werden, die völlig aus dem Bereich der Erklärbarkeit herausfallen, und als solche einfach wahrgenommen und benutzt werden.

Register

A

Abenteuer 34, 69, 70, 74, 80, 119
Abhängigkeit 10
Absolutes 7, 23, 60
Achtsamkeit 55, 57
Alchimie 15
Allah 117
Allmacht Gottes 26, 43, 45, 114–118, 120, 123
ANSELM, HEILIGER 119
Anthroposophie 18
Anthropozentriertheit 14
Antihasard 39
Antimaterie 126
Antoninen 82
Antriebskräfte 29
Antwort 18, 32, 65
Apokalypse 116
Arbeit, spirituelle 85, 86
Architektur 82
Armut 110
Atheismus 45, 100
Äther 137, 138
Atome 99, 102, 122, 125, 126, 130, 136, 137, 142, 147, 150, 151, 155
Atomisten 131
Auferstehung 93
Auflösung 29, 34, 36
Aufmerksamkeit 73
Aufrichtigkeit 66, 67, 76
Augenblick 60
AUGUSTINUS 28
Ausdauer 55

B

Backgammon 24, 51, 86, 87
Barmherzigkeit 26, 67, 110, 119, 120
Bedeutung 29, 42, 43, 49, 52, 65, 80, 95, 98
Beelzebubs Erzählungen für seinen Enkel 85
Belanglosigkeit 42
Benediktiner 83, 84
Brobachtung 73

Bequemlichkeit 57
Berechnung 52, 63, 72, 74, 87
Besitztümer 60, 68, 111
Bewegung 144, 145
Brownsche 151
Bewusstsein 36, 68, 73, 75, 91, 94, 100, 113, 119, 121, 130, 136
Beziehungen 76, 77, 87–91
Bezogenheit 8, 19
Bifurkation 21
Bildung 74
Biochemie 81
Biologie 96–99, 131
Biosphäre 8, 13, 14
BOHM, DAVID 16
Böses 34, 44, 60, 104, 109, 110–115, 117
BROGLIE, LOUIS DE 127

C

CALVIN, JOHANNES 131
CASTANEDA, CARLOS 21
CAYLEY, ARTHUR 10
Chance 21, 70, 80, 88, 89, 97, 124, 128
Chaos 11, 15, 20, 22, 27, 81, 99–102, 131, 144
Charakter 66, 68, 79
CHARDIN, TEILHARD DE 14, 38, 97, 98
Chemie 21
Chodschagan 84
Christentum 20, 98, 115–120, 123
Computer 19, 52, 62–65, 68, 106, 108
CURIE, MARIE und PIERRE 30

D

DARWIN, CHARLES 96
Dasein 46, 60, 65, 93, 101, 103, 119, 123, 130, 133

Daten 63, 64
Dauerhaftigkeit 91
Degeneration, thermodynamische 38
Denken 46, 60–63, 81, 87, 89, 103, 135, 140, 144, 149, 155
DESCARTES, RENÉ 135
Despotismus 82
Determinismus 38, 106–108, 131
dharma 40
Dialektik 8
Diktatur 20
Dimensionen 10, 11, 38, 52, 123–130, 134, 145
Diskontinuität 130, 142
DOSTOJEWSKI, FJODOR 20
Drama 7, 8, 10, 40–48, 51–53, 66, 78, 81, 128
DSCHINGIS KHAN 84
Durchschnittswelt 52
Dyade 144, 155
Dynamik 129

E

EDDINGTON, SIR ARTHUR 38, 126, 127
Egoismus 68, 110
Ehrlichkeit 55, 56, 67
Einheit 27
Einschätzung 71, 72
EINSTEIN, ALBERT 125–127, 142, 145–147
elektromagnetische Strahlung 137, 146, 150
ELIOT, T.S. 16
EMIN CHIKOU 16
Empfängnis 79, 113
Energie 26, 96, 100, 127, 129, 133, 138, 145
Entropie 26, 95, 96, 100
Entscheidung 10, 11, 45, 48, 64, 85, 87, 90–91, 128

157

REGISTER

epigenetischer Faktor 79
Erde 12, 97–103
Erfindungsgabe 65
Erfolg 10, 70–73, 78
Ergebnis 42, 69
Erlösung 113–117
Erwartung 70, 77, 130
Erziehung 73
Ethik 118
EULER, LEONHARD 145, 146
Evolution 9, 12–15, 26, 32–35, 64, 79, 96–98, 130
Ewigkeit 10, 124, 127–130, 133, 135, 141
Existenz 10–12, 19, 21, 46, 58, 65, 93, 100, 122–125, 129, 132, 133, 135–142

F

Fabeln 44, 78
Familie 76
Faust 40
Fehlschläge 35, 87, 97
Feld, elektrisches 39
Flachland 125
Fleiß 57
Flüssigkeit 31
Form 125, 135
Fortpflanzung 32, 79
Fortschritt 12–14, 32, 97, 98
Fragen 18, 32, 69
FRANCE, ANATOLE 34
Frau und Mann 76
Freigebigkeit 67, 68
Freiheit 7, 10, 47, 61, 58, 91–93, 104, 105–109, 112–115, 118, 119, 129, 132, 135, 136, 141, 142
Freude 60
Freunde 76
Frieden 82, 91
Führung 90
Fundamentalismus 20, 115
Funktion 17
Furcht 46, 53, 95, 114

G

Gaia 13
Galaxie 7, 9, 125, 133
Ganzheit 23, 27
Garantie 42, 80, 87
Gas, ideales 136–138
Gebet 116
Geburt 93
Gedächtnis 63
Gedanken 56, 129, 149
Geduld 110
Gefahr 28, 29, 32–36, 43, 55, 67, 74, 75, 78, 83–86, 89, 118
Gefäß 137–139
Gefühl 59, 74, 81
gegenseitigen Erhaltung 8
Gegenwart 47, 63, 95, 127
Gehirn 62, 65, 106–108
Geist 137, 138
Geld 54, 127, 128
Gelegenheit 54, 60, 69–74, 77–80, 85–90
GELL-MANN, MURRAY 147
Gemeinschaft 90, 142
Gene 32, 79, 130, 153
Genuss 75
Geometrie 10, 130
euklidische 125
Geschichte 20–24, 27, 35, 81–87, 91, 103, 115, 117
Geschmack 74–76, 89
Gesellschaft 20, 28, 35, 81–91, 105, 106, 112, 143
Gesetze
Natur- 26, 33, 47, 53, 64, 94–96, 99, 100, 103, 108–111, 129, 142, 145
spirituelle 19
Straf- 105
Gespür 88
Gesundheit 109–112
Gewinn 52, 54, 70, 77, 78, 123

Gewissen 89
Gewissheit 7, 30, 40, 69, 123
Gewohnheit 76
Glauben 23, 26, 43–45, 93, 94, 98, 106, 107, 115–118, 123
Gleichgewicht 58
Gleichmut 60
Glück 70, 71, 74, 79
Glückseligkeit 42, 93
Glücksspiel 23, 24, 29, 37, 39, 48, 52, 79, 86–90, 104, 123, 155
Glyzerin 122
Gnadenwahl 131
GOETHE, J. W. VON 40
Gott 10, 19–22, 26, 36, 44, 93, 99, 104, 114–123, 137
Götter 116
Gottesbild 17, 26
GOULD, STEPHEN 13
Grausamkeit 110
Grundsätze 56
Gruppe 90–92
GURDJIEFF, G. I. 8, 15–18, 41, 85
Güte 55–60, 110, 114, 120
Gutes 92, 106, 109–114, 120

H

Haltung 87
Hamlet 128
Handel 54, 128
Handlung 66, 70–72, 78, 80, 89, 90, 105–111, 118, 130, 149–152
Harmonie 27, 28, 34, 36, 58, 140
HEGEL, FRIEDRICH 8, 26
HEISENBERG, WERNER KARL 30, 131, 144, 146, 152
Held 43, 73, 118
Herausforderung 54, 83
Herrscher 81, 111, 114

Hilfe 17, 69
Hingabe 29, 91
HINTON, CHARLES H. 125
Hochherzigkeit 84
Hoffnung 22, 27, 39, 46, 62, 87
HOYLE, SIR FRED 133
HUME, DAVID 115
HUXLEY, JULIAN 98
Hyparxis 124, 129, 130, 133–135, 141, 142
Hypnose 105

I

IBN ARABI, MUHYIDDIN 22
IBSEN, HENRIK 40
Idealismus 83–85, 92
Ideen 56, 148
Illusion 101–107, 111, 135
Indeterminismus 130
Individualität 15, 138, 139
Individuum 10, 93
Indoktrination 17
Industrie 83
Information 11, 15, 19
Innovation 65
Intelligenz 14–21, 62, 64, 68, 91, 102
 demiurgische 15
 höhere 13
 künstliche 63
Interaktion 130, 141, 142, 152
Intuition 89, 140
Irrtum 151
Islam 123

J

JESUS 7, 116–119
Jeziden 43–45
JOHANNES XXIII, PAPST 106
JUNG, CARL GUSTAV 14

K

Karma 40, 88
Kastensystem 85
Katastrophe 86
Kausalität 26, 40, 47, 108, 123, 131, 132, 153–156
Kinder 55, 63, 73, 121
Kirche 14, 20, 33, 34, 106, 116
Klassik 59
Klimakatastrophe 13, 33
Kombinationen 87, 99, 123, 124
Komisches 59
Kommunikation 82, 148, 149, 152
Komödie 59
Konditionierung 107, 118
Körper 112
Kosmologie 24, 142
Krankheit 109
Kreativität 64, 65, 81
Kreislauf 95, 98
Kreuzigung 7
Krieg 44, 59, 84, 90
Krise 7
KRISHNAMURTI 16
Kultur 20, 28, 35, 84, 85
Kunst 51, 59, 61, 74, 75

L

LAPLACE, PIERRE 114
Lawine 122
Leben 12, 15, 26, 29, 33, 58, 64, 65, 79, 93, 96, 99–103, 107, 109, 112, 131, 142
Lebendiges 38
Lebensdevise 80
Lebenskunst 62, 73, 79, 88
Leere 36
Lehrer, spirituelle 15, 17, 18
Leiden 7–10, 21, 60, 104, 109, 114, 115
Leidenschaft 59, 76
Licht 122, 126, 137, 138, 145
Lichtgeschwindigkeit 126
Liebe 114, 117–120, 141
Literatur 59, 66
Logik 26
LORENZ, KONRAD 14
Los 42, 48
Lösung 61, 63
LOVELOCK, JAMES 13
Luft 46

M

Macht
 göttliche 115, 116, 120
 höhere 10, 43, 44, 63, 118, 119
 menschliche 81, 82, 110, 111, 117
Machtrisiko 81
MACKAY, D.M. 106
Management 20, 82, 84
Mangel 33
Mann und Frau 76
Märchen 44, 78
Markt 83
MARX, KARL 8
Maschine 63, 68, 73, 108
Massenmord 84, 110
Materialismus 21, 131
Materie 26, 31, 95, 126, 133, 136, 142, 146
Mathematik 11, 16, 114, 130, 145, 147
Meister der Weisheit 84
Mensch 10, 44, 46, 91, 95–101, 105, 106, 110, 111, 117, 138, 149
Menschheit 23, 26, 84, 85, 91, 96, 101, 113, 117
Menschwerdung Gottes 119
Meteorit 153
Milde 117
Misserfolg 22, 54, 76, 78, 91
Missionierung 84
Mitgefühl 7
Mitmenschen 77
Mobilität 31
Mode 74

Möglichkeiten 37, 39, 48, 49–52, 63, 69, 88, 104, 108, 124, 127, 128, 154
Mönchsorden 83, 84
Moral 34, 61, 64, 105
Motivation 140
Münzenwurf 41, 48–52, 122
Muster 14, 88, 91, 130
Mut 54, 55, 74
Mutation 32, 33, 97, 130, 131, 153
Mystik 98, 100, 142

N
Nachfolgerisiko 82
Nächstenliebe 110, 111, 118
Nahrung 75
NAPOLÉON BONAPARTE 114
NAQSHBAND, BAHA AD-DIN 29
Nation 88, 110
Nationalsozialismus 89
Natur 19, 31, 35, 46, 59, 94, 102, 111, 115, 130
Negentropie 39
Nervensystem 106, 109
Neuzeit 82
Nichts 22, 36, 47, 128, 133
Noosphäre 14, 98
Normalität 110
Notwendigkeit 90
Nummer Sicher 74

O
Objektives 60
Odin 44
Ödipus 126
Offenbarung 9
Ökologie 8
Oktave 41
Oligarchie 81
Omega-Punkt 98
Opfer 54, 78, 91, 117, 119
Opportunismus 70, 71, 74, 86

Optimismus 70, 71, 86
Optimum 76
Orden 83, 84
Ordnung 23, 28, 29, 35, 38, 43, 44, 83, 94, 99, 102, 112–114
Organisation 82–84, 96, 100–103
ORIGENES 33
Original 59
OUSPENSKY, P.D. 44, 52, 85

P
PAK SUBUH 16
Parthenon 59
Pathos 59
Patina 59
PAULI, WOLFGANG 14
PAULUS 116
Pech 71, 79
Peer Gynt 40
Pessimismus 62, 70, 71, 80, 84, 86, 95
Pferderennen 37
Pflicht 111
Philosophie 23, 26, 33, 43, 46, 51, 61, 95, 105–110, 115, 129, 135, 136
Photonen 47
Physik 14, 19, 30, 39, 47, 122, 126, 127, 130–133, 144–148
Physiologie 106, 109, 110, 135
Plan 70, 86, 98, 102
PLANCK, MAX 30, 142
Planeten 132
PLATO 28
Positivismus 105, 142
Potenzial(itäten) 37–39, 47–54, 73, 123, 124, 127–129, 134–144, 155
Priester 44
PRIGOGINE, ILYA 20
Problem 58
Profit 40
Prüfung 67
Psychologie 73, 105, 118

Punkt des größten Risikos 73

Q
Quantentheorie 11, 14, 30, 130, 142, 148

R
Raum 10, 11, 19, 63, 81, 82, 123–129, 133, 135, 138, 141, 142, 145
Reaktion 41
Realismus 70, 71, 77, 86
Recht 60, 105, 111
Rechtschaffenheit 44, 106
Regelmäßigkeit 58
Regeln 21, 86, 87
Reiche 81, 88
Relativitätstheorie 19, 122, 125, 126, 145–147
Religion 8, 23, 43, 58, 83, 93, 104, 113–120, 123
Reproduktion 59
Revolution, russische 8, 20, 85
Richtige 61, 76
Rigweda 9, 121
Rom 82, 83, 117
Roulette 155
Routine 69, 73
Ruhe 40

S
Sackgasse 96
Salto mortale 12
Sanftmut 55
Scheideweg 49, 50, 88, 104
Schicksal 88
Schock 41
Schönheit 34, 58, 74, 75, 120
Schöpfung 22, 34, 43, 100, 114, 118, 121, 131, 133, 141
SCHRÖDINGER, ERWIN 129
Schulwesen 83
SCHUMACHER, FRITZ 16

REGISTER

Schwäche 117
schwarze Löcher 126
Schwerkraft 26, 39, 100, 137, 138, 145, 146
Seele 21, 36, 109, 142
Sein 47, 128, 136
Selbstentwicklung 12
Selbstheit 15, 93
Selbstlosigkeit 36
Selbsttäuschung 54
Selbsttötung 55
Selbstverleugnung 60, 68
Selbstverpflichtung 80
Selektion 32, 97
SHAH, IDRIES 16
SHIVAPURI BABA 16, 58
SHUSHUD, HASAN 16
Sicherheit 7, 21, 24, 26, 27, 40, 42, 45, 53, 76, 119, 130
Sigma-Phänomen 14
Sinn 94–102, 105, 112, 141
Sinne 89, 93, 94, 130, 147, 150
Soldat 44
Solionensius 85
Sonne 140
Sonnensystem 47, 144
Sorgfalt 55
Soziologie 20
Spannung 42, 86, 88, 93
Spannungen 77
Spielsucht 29
Spiritualität 36, 38, 51, 93, 138
Spontaneität 92, 107, 108, 138
Sprache 148, 149, 152
Staat 28
Stabilität 27, 28, 33, 36, 39, 82–84
Stärke 81
Statistik 30, 41, 46, 72, 122, 132, 154, 155
STEINER, RUDOLF 18
Sterben 44

STEVENSON, ROBERT LOUIS 44
Streben 87, 112, 114, 141
Struktur 99, 102, 125
Subjektivität 50, 106, 108
Subsistenz 135, 136, 139
Suche, spirituelle 17, 18, 33, 93
Sufismus 22, 29
Suggestion 105
Sünde 34, 113, 114, 119
Supernova 149, 150
Symbiose 102
Symbole 148
Symmetrie 58
Synchronizität 14
Syntropie 39
Systematics 144

T

Tatsächlichkeiten 70, 123, 127, 128, 140, 141
TENNYSON, LORD ALFRED 58
Testament
 Altes 116, 117
 Neues 116, 117
Tetrade 148, 149, 152, 155
Teufel 44
Theologie 23, 45, 114, 117–120
Thermodynamik 39
Tod 36–38, 72, 93, 117
Tollkühnheit 87
Tonskala 41
Tradition, spirituelle 17
Tragödie 59
Transformation 15, 18, 31, 33, 86, 93, 141–143
transzendental 98
Triade 144
Tugend 55–58, 64, 67, 117

U

Überfluss 110
Übergang 51, 69, 130, 135, 140, 151

Überleben 15
Überlieferungen, esoterische 17, 18
Umweltzerstörung 13
Unfälle 72
Ungehorsam 115
Ungewissheit 27, 30, 31, 38, 41, 70, 79, 88, 97, 103, 108, 109, 123, 129–134, 142, 147, 149
Ungewöhnliches 59
Unglück 34
Universum 7, 8, 10, 17–23, 36, 45, 94, 97–104, 111–115, 118, 133, 149
Unmöglichkeiten 124
Unordnung 96, 112
Unparteilichkeit 67
Unrecht 105, 111
Unschärferelation 30, 35, 131, 144, 152
Unsicherheit 9–13, 19–26, 30–34, 37, 40, 46, 53, 61, 66, 78, 86, 94, 98, 102, 144–148, 151, 152
Unterbewusstsein 105
Unterdrückung 110
Unterwelt 44
Unumkehrbarkeit der Zeit 123–127, 132, 136
Urgesetz, erstes kosmisches 41
Urteilen 73, 111
Urteilsvermögen 71–75, 140
Utopie 112

V

Vater, unser 10
VELIKOVSKY, IMMANUEL 125
Verantwortung 19, 44, 45, 74, 105–109, 132
Vergangenheit 46, 47, 63, 95, 114, 119, 126, 127, 148, 149

Verhaltenstraining 73
Verlust 29, 52, 54, 60, 70, 123
VERNADSKIJ, VLADIMIR 14
Vernunft 70, 105
Verpflichtung 76, 80, 87, 91, 114
Versagen 10
Versicherungsgesellschaften 72
Versklavung 91
Verstand 63, 72, 78, 89, 99–103, 107, 108, 142
Verstehen 17, 61, 69, 156
Versuchung 55, 57, 60, 67
Vertrauen 56, 66
Verwaltung 82, 84
Verwirklichung(en) 9, 18, 128, 129, 141
Vision 92
Vollkommenheit 9, 29, 58–60, 112
Vorherbestimmung 44, 47, 52, 60, 64, 103–108, 131
Vorhersehbarkeit 11, 12, 41, 47, 52, 70, 72, 77, 87, 130, 146
Vorsokratiker 95

W

WADDINGTON, C.H. 79
Wagnis 74
Wahl 10–12, 18–21, 64, 69, 70, 72, 104, 105, 108, 109, 112, 113, 130, 135
Wahrheit 45, 56, 60–62, 119
Wahrheitsliebe 57, 58
Wahrnehmung 63, 75, 89, 138, 147, 150
Wahrscheinlichkeit 30, 34, 72, 77, 94, 122, 131, 132, 154, 155
Warnung 78

Wasser 31, 140
Wechselwirkung, schwache 152
Weg 17, 23, 87–91
Wegweiser 88
Welt 48, 53, 95, 98–102, 106, 109, 110, 114, 126, 128, 130, 133, 141
Welten 50, 51, 53, 63, 69 bedingte und unbedingte 130, 136, 138, 140, 141
Werk 10, 15
Werte 19, 54, 58, 64, 106, 140, 141
Wesen 139
Wetter 11
WHITEHEAD, ALFRED NORTH 16, 145
Widerspruch 76
Widerstand 76, 112
Wiederkunft, ewige 95
Wille 135–142
göttlicher 118, 120
menschlicher 12, 15–18, 35, 47, 60, 78, 93, 104–111, 115, 118–121, 129, 132
Wirklichkeit(en) 8–11, 20, 21, 30, 39, 40, 44, 48, 53, 62, 75, 93, 94, 104, 111, 113, 124, 130, 140, 141
Wirtschaft 20
Wissen 7–9, 17, 23, 86, 94, 111
Wissenschaft 8, 11, 16, 17, 20, 23, 26, 27, 45, 46, 61, 93–95, 99, 111, 118, 123, 131, 132, 142–156
Wohlstand 110
Wunder 62, 125
Würfel 24, 30–33, 79, 86, 87, 123, 124

Z

Zahlen 11, 130, 132, 146
Zauberei 21
Zeichen 148
Zeit 10, 11, 19, 38–41, 50, 52, 63, 82, 95, 100, 122–129, 133–138, 141, 142, 145, 149
Zeitgeist 74
Zeitschleifen 52
Zerfall 96
radioaktiver 30, 41, 155
Ziel 91, 96, 98, 122
Zivilisation 27, 83
Zufall 13, 17–19, 24, 27, 32, 41, 52, 81, 89, 94, 97, 99–102, 108, 120, 131, 153, 156
Zukunft 7, 46, 47, 63, 95, 101, 127, 148
Zusammenarbeit 85, 90, 92
Zusammenbruch 82, 83
Zwang 104
Zweck 19, 70, 83, 93–102, 109, 112, 115, 122, 131
Zweifel 27
Zyklen 95

John G. Bennett

Kurzbiografie von Bruno Martin

JOHN GODOLPHIN BENNETT WURDE AM 8. JUNI 1897 IN ENGland geboren. Es gibt viele gute Gründe, uns seine Lebensleistung in Erinnerung zu rufen. Denn Bennett war nicht nur ein brillanter Mathematiker und Philosoph, er war auch einer der außergewöhnlichsten spirituellen Lehrer des zwanzigsten Jahrhunderts.

Bennetts »Suche nach der Wahrheit« begann durch ein intensives Nahtoderlebnis im Ersten Weltkrieg. 1919 wurde Bennett

nach Istanbul geschickt, wo er für den britischen Geheimdienst arbeitete. Dort kam er in Kontakt mit türkischen Derwischen des Mevlevi-Ordens. 1920 lernte er den russischen Journalisten P.D. Ouspensky kennen, über den er in Kontakt mit dem geheimnisvollen Bewusstseinslehrer G.I. Gurdjieff kam, der sich gerade in Istanbul aufhielt. Diese Begegnung beeindruckte Bennett so nachhaltig, dass er Gurdjieff 1923 in dessen »Institut für die Harmonische Entwicklung des Menschen« in Fontainebleau, nahe Paris, aufsuchte. Aus beruflichen Gründen musste Bennett jedoch schon bald wieder nach England zurückkehren.

Dort schloss er sich später für einige Jahre P.D. Ouspensky an, der, selbst ein Schüler Gurdjieffs aus dessen Zeit in Russland, sich in England niedergelassen hatte und Gurdjieffs Ideen nach seiner eigenen Interpretation lehrte. Aufgrund der Wirren des Zweiten Weltkrieges und Ouspenskys schließlicher Ablehnung Gurdjieffs verlor Bennett den persönlichen Kontakt zu diesem. Nach Ouspenskys Tod 1947 kehrte er jedoch wieder zu Gurdjieff nach Paris zurück, wo er rund zwei Jahre in dessen Gruppen mitarbeitete.

JOHN G. BENNETT

Nach Gurdjieffs Tod im Jahre 1949 bildete Bennett eine eigene Gruppe in Coombe Springs bei London. Gurdjieff hatte Bennett inspiriert, nach dem inneren Muster der Spiritualität und darüber hinaus nach den Quellen des wirklichen Wissens zu suchen. Deshalb forschte er nach der Herkunft von Gurdjieffs Lehren, unternahm Reisen in den Orient auf der Suche nach dessen Lehrern und lernte einige östliche Meister kennen, die ihm bei seiner Suche halfen. Diese Reisen beschreibt er ausführlich in *Journeys to Islamic Countries.* Später begegnete er vielen weiteren faszinierenden Weisheitslehrern. Um nur einige der bekannteren zu erwähnen: Hasan Shushud, ein türkischer Sufi in der Tradition der »Meister der Weisheit«; Suleiman Dede, ein Mevlevi-Scheich in Konya; Pak Subuh, der indonesische Begründer des Subud; Maharishi Mahesh Yogi, der Begründer der Transzendentalen Meditation; Shivapuri Baba, ein indischer Rishi, der 136 Jahre alt wurde; Idries Shah, der einen westlichen Sufismus propagierte, und Reshad Feild, der die Kunst und Wissenschaft des Atems und die innere Essenz der Sufi-Lehren unterrichtet. Zusätzlich zu diesen Forschungen und Erfahrungen ließ Bennett wesentliche Einflüsse aus verschiedenen traditionellen Lehren, moderne Psychologie und zeitgenössische physikalisch-wissenschaftliche Erkenntnisse in seine Arbeit einfließen.

Einen prägenden Hintergrund für Bennetts spirituelle Arbeit bildete sein Beruf als Mathematiker. Durch sein frühes Nahtoderlebnis versuchte er immer wieder zu ergründen, was es mit den anderen, unsichtbaren Bereichen der Wirklichkeit auf sich hat und wie diese in unser physikalisch geprägtes Verständnis einer Welt aus drei Raum- und einer Zeitdimension hineinpassen. Er kam zu der Erkenntnis, dass es neben der gewöhnlichen Zeit eine weitere Zeitart als fünfte Dimension geben müsse und entwickelte ein mathematisches Modell dafür. In einfachen Worten: Während »die Zeit« die Verwirklichung von Potenzialen ermöglicht, sind die Potenziale selbst in dieser fünften Dimension enthalten, die er »Ewigkeit« nennt. »Ewigkeit« ist die Fähigkeit zu sein, der gegenwärtige Augenblick des Lebens in seiner Fülle. Bennetts Vision geht darüber aber noch hinaus, indem er die Fähigkeit zu tun, die Welt des kreativen Willens, als eine weitere, die sechste Dimension betrachtet, die jenseits unseres Bewusstseins wirkt. Diese Arbeit fand ihre praktische Umsetzung in *Systematics,* einer Methode, die gleichermaßen für unternehmerische Organisationen wie für das philosophische Verständnis von Qualitäten und Prozessen brauchbar ist, die sich nicht mit quantitativen mathematischen Analysen verstehen lassen. Das Enneagramm ist Teil dieser Methode. Alle diese Erkenntnisse vermittelte Bennett in seinem epochalen, intellektuell höchst herausfordernden vierbändigen Werk *The Dramatic Universe,* das leider bis heute nicht ins Deutsche übersetzt ist. Das vorliegende Buch *Risiko und Freiheit: Hasard – Das Wagnis der Verwirklichung* gibt Gedanken aus *The Dramatic Universe* in allgemein verständlicher Weise wieder und vermittelt dem Leser einen Eindruck von Bennetts philosophischer Genialität.

Neben seiner beruflichen Tätigkeit in der Kohlenstoff-Chemieindustrie und seiner zehnjährigen Arbeit an *Systematics* leitete Bennett Gruppen des »Vierten Weges«. Diese Gruppenarbeit beruht auf den Methoden und Einsichten G.I. Gurdjieffs, bei denen es um die »harmonische Entwicklung des Menschen« geht. Aufgrund seiner langjährigen Erfahrungen mit diesen Lehren und den neuen Erkenntnissen über das strukturierte Lernen war Bennett in der Lage, Gurdjieffs Methoden weiterzuentwickeln und außerdem mit Techniken und Methoden anderer Lehren zu einem ganzheitlichen Schulungsweg zu verbinden. In der Würdigung zu seinem Todestag am 13. Dezember 1974 schrieb die englische *Times:*

Um John Bennetts Leistung zu verstehen, muss man die Einsicht G.I. Gurdjieffs anerkennen, welcher nachdrücklich betonte, dass der Mensch völlig blind geworden sei für das, was wirklich ist. Bennett, der leicht eine brillante Zukunft als Wissenschaftler hätte haben können, wurde einer der wichtigsten Lehrer der Ideen Gurdjieffs und Ouspenskys von der Transformation des Menschen. Er glaubte, dass eine Lehre des Lebens verloren geht, wenn nicht ständig neue Einsichten gefunden werden, die ihre Bedeutung erneuern.

Bennetts Bedeutung liegt jedoch nicht so sehr darin, dass er zu einem unabhängigen »Nachfolger« oder Exponent von Gurdjieffs Ideen wurde, sondern dass er es verstand, an dem angefangenen Gebäude von Gurdjieffs Lehre und seinen Methoden weiterzubauen. »Ich dachte darüber nach, dass Gurdjieff immer nur für begrenzte Zeit mit jemandem zusammengearbeitet und ihn dann weggeschickt oder gar vertrieben hatte. Mir war auch bewusst, dass sein Institut in Fontainebleau selbst in seiner Blütezeit nicht mehr als ein Experiment gewesen war. Wollte ich es besser machen, so musste ich in der Lage sein, mich ganz dieser Aufgabe zu widmen – und dazu brauchte ich die richtigen Leute, einen geeigneten Platz und genug Geld, um von materiellen Sorgen frei zu sein« (Bennett in seiner Autobiographie *Das Durchqueren des großen Wassers*).

Als er seine Entscheidung getroffen hatte, kamen diese Dinge in sehr kurzer Zeit tatsächlich zusammen. 1971 gründete er die Academy for Continuous Education in Sherborne, Gloucestershire (England), die in seinen vier letzten Lebensjahren zu einem bemerkenswerten Schulungsprojekt wurde. Der Begriff des »lebenslangen Lernens« wurde so in unser Bewusstseinsfeld gebracht. Mit dieser Akademie setzte Bennett auch seine Vision um, dass die Wirklichkeit immer wieder neu erschaffen wird – und erschaffen werden muss. Bennett brachte seinen Reichtum an Erfahrung und das Wissen seiner fünfzigjährigen Suche nach dem Verstehen der Wirklichkeit in dieses Projekt ein. So war diese Akademie eine neue »Schule des Augenblicks«, bei der es darum geht, die menschlichen Qualitäten herauszuarbeiten, um das kreative Potential, das jede und jeder von uns hat, zu verwirklichen.

Die Ausbildung in einem Zehnmonatskurs war für rund hundert Menschen aus aller Welt konzipiert. Praktische Arbeit im Garten und den Parkanlagen des viktorianischen Schlosses, Versorgung und Mahlzeiten, Reinigung des Hauses – alles verbunden mit Übungen der Selbstbeobachtung, der Aufmerksamkeit und vielen anderen Techniken zur Bewusstseinsweckung – wechselten sich ab mit theoretischen Studien, inneren Übungen und den rituellen Tänzen, die Gurdjieff entwickelt hatte. Der tägliche Stundenplan war voller Ereignisse, von morgens um 6 bis spätabends um 22 Uhr. Trotz des festen Rahmens dieses täglichen Stundenplans war alles Geschehen im Fluss und erforderte eine hochgradig konzentrierte Aufmerksamkeit – jeder Moment war eine Herausforderung. (Ausführlich geschildert in: Alan Roth: *Sherborne – An Experiment in Transformation*, Bennett Books).

Die Akademie war ein außergewöhnliches und erfolgreiches Schulungsexperiment, in welchem insgesamt fünfhundert Menschen ausgebildet wurden. Einige führten unter Leitung des direkten Gurdjieff-Schülers Pierre Elliott, Bennetts engstem Mitarbeiter in Sherborne, ein weiteres Schulungsprojekt in Claymont, West-Virginia (USA), fort, das Pierre Elliott über zehn Jahre leitete. Viele Schüler Bennetts stehen heute in verantwortlichen Positionen oder sind unternehmerisch tätig. Einige leiten selbständig Gruppen in aller Welt.

Neben seinem Hauptwerk *The Dramatic Universe* schrieb John G. Bennett weitere wichtige Bücher über die spirituelle Entfaltung des Menschen. Viele seiner veröffentlichten Bücher sind aus Vorträgen zusammengestellt, die er stets frei hielt. Eine Auswahl seiner Werke ist in der Bibliografie aufgeführt.

John G. Bennett starb am 13. Dezember 1974, nachdem er morgens seinen Schülern in Sherborne House noch das Frühstück serviert hatte. Seine Frau Elizabeth berichtete später, dass er schon eine Woche zuvor gewusst habe, dass er an diesem Tag sterben würde. Dieses Bild zeigt die beiden zwei Tage vor seinem Tod.

JOHN G. BENNETT

Bibliografie
Deutsche Übersetzungen

Subud, Remagen 1958
Gurdjieff – Der Aufbau einer neuen Welt, Freiburg 1976
Sex, Frankfurt Main 1976
Eine spirituelle Psychologie, Frankfurt Main 1977
Transformation, Pittenhardt 1978
Ein neues Bild Gottes, Südergellersen 1980
Gurdjieff entschlüsselt, Frankfurt Main 1981
Energien, Salzhausen 1982
Harmonische Entwicklung, Salzhausen 1982
Das Durchqueren des Großen Wassers – Autobiografie,
   Oberbrunn 1984
Die inneren Welten des Menschen, Südergellersen 1984
Eine lange Pilgerreise, Südergellersen 1985
Die Meister der Weisheit, Südergellersen 1993
Der grüne Drache, Südergellersen 1993

Eine Auswahl der nicht
ins Deutsche übersetzten Werke

The Way to be Free, New York 1980
Enneagram Studies, York Beach 1983
The Dramatic Universe, vier Bände, neu veröffentlicht,
   Charles Town 1987
Sacred Influences: Spiritual Action in Human Life,
   Santa Fe 1989
Elementary Systematics, Santa Fe 1993
Making a Soul, Santa Fe 1995
Creative Thinking, Santa Fe 1998
Journeys to Islamic Countries, Santa Fe 2000

Der Chalice Verlag widmet sich
der Publikation des Werkes von Reshad Feild
und wertvollen Texten aus verschiedenen
spirituellen Traditionen

Unser Verlagsprogramm und weitere Informationen
finden Sie auf unserer Website
www.chalice.ch

www.ingramcontent.com/pod-product-compliance
Lightning Source LLC
Chambersburg PA
CBHW031225170426
43191CB00030B/230